I0002456

LENGUAJE C
para principiantes

CARLOS PES

LENGUAJE C
para principiantes

www.abrirllave.com

Título: LENGUAJE C PARA PRINCIPIANTES

Sitio web del libro: www.abrirllave.com/principiantes/lenguaje-c

CARLOS PES

LENGUAJE C
para principiantes

www.abrirllave.com

Título: LENGUAJE C PARA PRINCIPIANTES

Sitio web del libro: www.abrirllave.com/principiantes/lenguaje-c

Dedicado a mis padres,
Paqui y Vicente.

Índice

SEGUNDA PARTE

Instrucción alternativa **`if`**.

EJEMPLOS

EJERCICIOS RESUELTOS

TERCERA PARTE

Instrucción **`switch`**.

Anidamiento de **`switch`** en **`if`**.

Función **`strcpy`**.

EJEMPLOS

EJERCICIOS RESUELTOS

CUARTA PARTE
Anidamiento de instrucciones **`if`**.

EJEMPLOS

EJERCICIOS RESUELTOS

QUINTA PARTE
Anidamiento de instrucciones **`if`** y **`switch`**.

EJEMPLOS

EJERCICIOS RESUELTOS

SEXTA PARTE
Instrucción repetitiva **`while`**.
Variable contador.

EJEMPLOS

EJERCICIOS RESUELTOS

SÉPTIMA PARTE

Instrucción repetitiva **`do...while`**.

Variable acumulador.

Función **`fflush`**.

EJEMPLOS

EJERCICIOS RESUELTOS

OCTAVA PARTE

Instrucción repetitiva **`for`**.

EJEMPLOS

EJERCICIOS RESUELTOS

NOVENA PARTE

Anidamiento de instrucciones alternativas y repetitivas.

EJEMPLOS

EJERCICIOS RESUELTOS

APÉNDICES

Prólogo

Los contenidos de este libro tienen como objetivo principal enseñar a programar en *"C estándar"* –paso a paso– a través de ejemplos y ejercicios resueltos sencillos, dirigidos a estudiantes principiantes.

Por tanto, todos los ejemplos y ejercicios están pensados para aprender a programar en C desde cero, es decir, sin tener conocimientos previos.

De modo que, se recomienda realizarlos en el orden indicado para, gradualmente, poder adquirir conocimientos básicos de programación en este lenguaje, poniendo en práctica el uso de funciones de la biblioteca estándar de C (**`printf`**, **`scanf`**, **`pow`**...), variables, constantes, operadores, instrucciones de control, etc.

Para tal fin, en el ***Apéndice I*** se proporciona una pequeña guía de uso de la aplicación Dev-C++, que es software libre –descargable gratuitamente en Internet– y permite probar todos los ejemplos y ejercicios resueltos.

Además de dicho apéndice, se han incluido otros con explicaciones detalladas sobre el uso de variables, constantes, operadores, etc.

Por otro lado, la versión web de algunos apartados de este libro se puede consultar en el Tutorial de lenguaje C de «www.abrirllave.com»:

www.abrirllave.com/c

En cuanto al código fuente de todos los programas (ejemplos y ejercicios resueltos) se puede descargar en:

www.abrirllave.com/principiantes/lenguaje-c

Introducción a la programación

Hoy en día, la computadora es una herramienta indispensable en muchos ámbitos, tales como: la medicina, la astronomía, las comunicaciones, etc.

Gracias a la informática, se han producido avances tecnológicos que eran impensables antes de la llamada *"revolución de las computadoras"*. No obstante, la *máquina* no puede hacer absolutamente nada sin un software, es decir, sin un programa que le diga qué es lo que tiene que hacer.

Casi todo el hardware que existe en el mundo se fabrica en serie, al contrario que ocurre con el software, que en gran parte se desarrolla a medida.

El **software a medida** suele ser una aplicación informática desarrollada por una empresa (*desarrolladora de software*) para otra empresa (llamada *cliente*), con el fin de informatizar parte de los datos que esta maneja. Un software a medida puede gestionar, por ejemplo: la venta de billetes de un aeropuerto, el alquiler de pisos de una inmobiliaria, los historiales médicos de los pacientes de un hospital, etc. En cada uno de estos casos las necesidades de software son diferentes, ya que, manejan distintos tipos de información. Incluso entre dos aeropuertos, dos inmobiliarias o dos hospitales cualesquiera, el tratamiento de la información suele ser distinto. Por esta razón, el software desarrollado para cada una de estas empresas cliente deberá ser a medida, es decir, diferente a todas las demás. Los empleados de las empresas cliente serán los usuarios de tales aplicaciones informáticas.

Por otra parte, también existe software que no es a medida, por ejemplo: procesadores de texto, juegos, enciclopedias electrónicas, navegadores web, etc. Las aplicaciones de este tipo suelen estar dirigidas a todos los usuarios de computadoras en general y, en menor medida, a las empresas.

Metodología de la programación

Para desarrollar cualquier tipo de software hay que poner en práctica una serie de técnicas y conocimientos científicos relacionados con la informática. Dichas técnicas y conocimientos se agrupan en una disciplina llamada **metodología de la programación**. Ahora bien, esta disciplina alberga a distintos paradigmas de programación, entre los que cabe destacar la *programación estructurada* y la *programación orientada a objetos*.

Aunque, entre dichos paradigmas, muchos aspectos pueden ser similares, esta obra se centra, esencialmente, en el estudio de la programación estructurada (C es un lenguaje muy apropiado para desarrollar programas utilizando este tipo de programación). La **programación estructurada** se basa en tres aspectos principales:

1. Aplicación del *diseño modular*.

2. Utilización, exclusivamente, de *estructuras secuenciales*, *alternativas* y *repetitivas*.

3. Empleo de *estructuras de datos* adecuadas para manipular información.

Estos principios se aplican a todos los ejemplos y ejercicios del libro. Poco a poco, se estudiará cómo se puede hacer uso de cada uno de ellos.

Ingeniería del software

El proceso de producción de cualquier aplicación informática lleva consigo realizar una serie de tareas repartidas en cinco etapas, llamadas: *análisis*, *diseño*, *codificación*, *pruebas* y *mantenimiento*. A estas cinco fases se les conoce como *ciclo de vida* de un producto software, o dicho de otra forma, el **ciclo de vida de un programa** son las distintas etapas por las que este tiene que pasar durante su existencia.

Todas las tareas del proceso de desarrollo de software deben ser planificadas, es decir, para cada una de ellas se debe establecer una fecha aproximada de inicio y otra de fin. Además, todas las tareas deben ser controladas a lo largo de todo el proceso de producción, esto es, se debe realizar un seguimiento continuo del proyecto informático. A todo este proceso de producción y gestión de software se le conoce como **Ingeniería del Software**.

Calidad del software

La Ingeniería del Software se utiliza sobre todo para desarrollar aplicaciones de gran envergadura (de miles o millones de instrucciones), en donde suelen participar distintos equipos de personas y, a veces, de distintas empresas de software. Suelen ser proyectos que pueden durar varios meses o incluso años. No obstante, por pequeño que sea un proyecto software, siempre es conveniente aplicar los principios de la Ingeniería del Software, ya que esto ayudará a desarrollar un software de mayor calidad. La **calidad de un programa** se puede medir en base a tres aspectos principales:

1. Sus **características operativas**. Se debe valorar si el software hace lo que se espera de él (*corrección*) y si, para ello, se utilizan, óptimamente, los recursos de la computadora (*eficiencia*), tales como: la memoria, el tiempo de CPU, etc. También se debe evaluar si la aplicación ofrece una interfaz adecuada al usuario (*facilidad de uso*) y si es seguro con respecto a los datos (*integridad*).

2. Su **capacidad para sufrir cambios**. En este sentido, es importante estimar en qué medida el programa es susceptible de ser corregido (*facilidad de mantenimiento*) o cambiado (*flexibilidad*). También hay que ver si resulta fácil hacer pruebas de su funcionamiento (*facilidad de prueba*).

3. Su **adaptabilidad a entornos distintos**. Hay que preguntarse hasta qué punto se podría volver a usar parte de dicho software en otro proyecto (*reusabilidad*). Asimismo, se debe valorar si el software puede interactuar con otros sistemas informáticos (*facilidad de interoperación*) y si se puede usar en otra máquina que utilice un procesador distinto (*portabilidad*), aunque sea realizando pequeños cambios en el software.

Todos los factores que influyen en la calidad de un proyecto software deben medirse a lo largo de todo su proceso de desarrollo, es decir, en el transcurso de todas las etapas del ciclo de vida, y no solo al final. De esta forma, la calidad del producto software resultante, se puede ir mejorando sobre la marcha.

Las distintas fases del ciclo de vida de un programa se deben realizar secuencialmente. En cada una de las etapas se generará una *documentación* que servirá para iniciar la siguiente. A este proceso se le conoce como *ciclo de vida clásico* o *en cascada*, y es la base fundamental sobre la que se apoya la Ingeniería del Software.

Existen otros tipos o modelos de ciclos de vida, tales como: *clásico con prototipo*, *automático*, *en espiral*, etc. Pero, todos ellos están basados de alguna manera en el modelo clásico.

Ahora bien, de todo ello, este libro está enfocado sobre todo a que el lector conozca la *sintaxis* del lenguaje C y aprenda a determinar la *lógica de un programa*, es decir, sepa cómo establecer cuáles son sus acciones (*instrucciones*) y en qué orden se deben ejecutar.

Lenguajes de programación

Un **lenguaje de programación** se puede definir como un lenguaje artificial que permite escribir las instrucciones de un programa informático, o dicho de otra forma, un lenguaje de programación permite al programador comunicarse con la computadora para decirle qué es lo que tiene que hacer. Con esta finalidad, se han inventado muchos lenguajes de programación, ahora bien, todos ellos se pueden clasificar en tres tipos principales: *máquina*, *de bajo nivel* y *de alto nivel.*

El **lenguaje máquina** es el único que entiende la computadora digital, es su *"lenguaje natural"*. En él solo se pueden utilizar dos símbolos (*bits*): el cero (0) y el uno (1). Por ello, al lenguaje máquina también se le denomina *lenguaje binario*. La computadora solo puede trabajar con bits, sin embargo, para el programador no resulta fácil escribir instrucciones tales como:

```
10100010
11110011
00100010
00010010
```

Por esta razón, se inventaron lenguajes de programación más entendibles para el programador. Así, aparecieron los **lenguajes de bajo nivel**, también llamados **lenguajes ensambladores**, los cuales permiten al programador escribir las instrucciones de un programa usando abreviaturas del inglés, también llamadas palabras nemotécnicas, tales como: ADD, DIV, SUB, etc., en vez de utilizar ceros y unos. Por ejemplo, la instrucción:

```
ADD f, j, d
```

Podría ser la traducción de la acción:

```
d = f + j
```

Dicha acción indica que en el espacio de memoria representado por la variable **d** se debe almacenar la suma de los dos valores guardados en los espacios de memoria representados por las variables **f** y **j**.

Un programa escrito en un lenguaje ensamblador tiene el inconveniente de que no es comprensible para la computadora, ya que no está compuesto por ceros y unos. Para traducir las instrucciones de un programa escrito en un lenguaje ensamblador a instrucciones de un lenguaje máquina hay que utilizar un programa llamado *ensamblador*.

Una dificultad añadida a los lenguajes binarios es el hecho de que son dependientes de la máquina (o mejor dicho, del procesador), es decir, cada procesador utiliza un lenguaje máquina distinto (un juego de instrucciones distinto) que está definido en su propio hardware. En consecuencia, un programa escrito para un tipo de procesador no se podrá usar en otro equipo que utilice un procesador distinto, debido a que el programa no será *portable* o *transportable*. Para que dicho programa pueda funcionar en una segunda computadora, habrá que traducir todas las instrucciones escritas en el lenguaje máquina del primer equipo al lenguaje binario de la segunda computadora, lo cual supone un trabajo muy costoso y complejo para el programador.

Igualmente, puesto que las instrucciones que se pueden escribir en un lenguaje ensamblador siempre están asociadas a las instrucciones binarias de una computadora en concreto, los lenguajes ensambladores también son dependientes del procesador. Sin embargo, los lenguajes de alto nivel sí que son independientes del procesador, es decir, un programa escrito en cualquier ordenador con un lenguaje de alto nivel podrá transportarse a cualquier otra computadora, con unos pequeños cambios o incluso ninguno.

Un **lenguaje de alto nivel** permite al programador escribir las instrucciones de un programa utilizando palabras o expresiones sintácticas muy similares al inglés. Por ejemplo, en C se pueden usar palabras tales como: **`case`**, **`if`**, **`for`**, **`while`**, etc., para construir con ellas instrucciones. Por ejemplo, la siguiente instrucción serviría para indicar que si un número (**`n`**) es mayor que cero (**`0`**), entonces, se deberá mostrar por pantalla el mensaje `"Es positivo"`:

```
if ( n > 0 ) printf( "Es positivo" );
```

Esta es la razón por la que a estos lenguajes se les considera de alto nivel, porque se pueden utilizar palabras de muy fácil compresión para el programador. En contraposición, los lenguajes de bajo nivel son aquellos que están más cerca del *"entendimiento"* de la máquina. Otros lenguajes de alto nivel son: Ada, COBOL, FORTRAN, Java, Pascal, Python, etc.

Otra característica importante de los lenguajes de alto nivel es que, para la mayoría de las instrucciones de estos lenguajes, se necesitarían varias instrucciones en un lenguaje ensamblador para indicar lo mismo. De igual forma que, la mayoría de las instrucciones de un lenguaje ensamblador, también agrupan a varias instrucciones de un lenguaje máquina.

Por otra parte, un programa escrito en un lenguaje de alto nivel tampoco se libra del inconveniente que tiene el hecho de no ser comprensible para la computadora y, por tanto, para traducir las instrucciones de un programa escrito en un lenguaje de alto nivel a instrucciones de un lenguaje máquina, hay que utilizar otro programa que, en este caso, se denomina *compilador*.

Compiladores e intérpretes

Al conjunto de instrucciones escritas en un lenguaje de alto nivel se le llama **código fuente** del programa. Así pues, el compilador es un programa que recibe como datos de entrada el código fuente de un programa escrito por un programador, y genera como salida un conjunto de instrucciones escritas en el lenguaje binario de la computadora donde se van a ejecutar. Al conjunto de instrucciones generado por el compilador se le denomina **código objeto** del programa, también conocido por *código máquina* o *código binario*, ya que es –en sí mismo– un programa ejecutable por la máquina.

Normalmente, un programador de C utilizará un *programa de edición* para escribir el código fuente de un programa, y lo guardará en un archivo con extensión (.c). Por ejemplo: *sumar.c*

A continuación, un compilador de C traducirá el código fuente a código objeto, guardándolo con otra extensión, que, dependiendo del sistema operativo puede variar. Por ejemplo, en Windows, se guardará con la extensión (.obj), abreviatura de *object*.

Por otro lado, existe un tipo de programas llamados intérpretes, los cuales también sirven para traducir el código fuente de un programa a código objeto, pero su manera de actuar es diferente con respecto a la de un compilador.

El funcionamiento de un **intérprete** se caracteriza por traducir y ejecutar, de una en una, las instrucciones del código fuente de un programa, pero sin generar como salida código objeto. El proceso que realiza un intérprete es el siguiente: lee la primera instrucción del código fuente, la traduce a código objeto y la ejecuta; a continuación, hace lo mismo con la segunda instrucción; y así sucesivamente, hasta llegar a la última instrucción del programa, siempre y cuando, no se produzca ningún *error* que detenga el proceso.

En un programa pueden existir básicamente tres tipos de errores: *de sintaxis*, *de ejecución* y *de lógica*.

Tipos de errores

Cuando en alguna instrucción del código fuente de un programa existe un **error de sintaxis**, dicho error impedirá, tanto al compilador como al intérprete, traducir dicha instrucción, ya que ninguno de los dos entenderá qué le está diciendo el programador. Por ejemplo, en C, si en vez de la instrucción:

```
printf( "Introduzca cantidad: " );
```

Un programador escribe:

```
prrintf( "Introduzca cantidad: " );
```

Cuando el compilador o el intérprete lean esta línea de código, ninguno de los dos entenderá qué es **`prrintf`** y, por tanto, no sabrán traducir esta instrucción a código máquina, por lo que ambos pararán la traducción y avisarán al programador con un mensaje de error.

En resumen, los errores de sintaxis se detectan en el proceso de traducción del código fuente a código binario. Al contrario que ocurre con los errores de ejecución y de lógica, que solo se pueden detectar cuando el programa se está ejecutando.

Un **error de ejecución** se produce cuando el ordenador no puede ejecutar alguna instrucción de forma correcta. Por ejemplo:

```
d = 5 / 0;
```

Esta instrucción es correcta sintácticamente y será traducida a código binario. Sin embargo, cuando la computadora intente realizar la división:

```
5 / 0
```

Se producirá un *error de ejecución*, ya que matemáticamente no se puede dividir entre cero.

En cuanto a los errores de lógica, son los más difíciles de detectar. Cuando un programa no tiene errores de sintaxis ni de ejecución, pero, aún así, no funciona bien, esto es debido a la existencia de algún error lógico. De manera que, un **error de lógica** se produce cuando los resultados obtenidos no son los esperados.

Por ejemplo, si en vez de la instrucción:

```
d = f + j;
```

Un programador hubiera escrito:

```
d = f * j;
```

Hasta que no se mostrase por pantalla el resultado de la operación, el programador no podría darse cuenta del error, siempre que ya supiese de antemano el resultado de la suma.

En este caso, el programador podría percatarse del error fácilmente, pero cuando las operaciones son más complejas, los errores de lógica pueden ser muy difíciles de detectar.

Fases de la puesta a punto de un programa

Además de todo lo visto hasta ahora, también hay que tener en cuenta que una aplicación informática suele estar compuesta por un conjunto de programas o subprogramas. Por tanto, el código objeto de todos ellos deberá ser enlazado (unido) para obtener el deseado programa ejecutable. Para ello, se utiliza un programa llamado *enlazador*, el cual generará y guardará, en disco, un archivo ejecutable. En Windows, dicho archivo tendrá extensión (.exe), abreviatura de *executable*.

Debido a que los lenguajes de alto nivel son portables, un programa escrito en este tipo de lenguaje podrá ejecutarse en cualquier otra máquina. Pero, esto no es del todo cierto, ya que para que esto sea posible entre máquinas de distinto tipo, el código fuente de dicho programa deberá compilarse y enlazarse de nuevo en esa otra máquina. Esto quiere decir que, en realidad, son portables los códigos fuentes –aunque sea con unos pequeños cambios– pero no los códigos binarios.

Para la mayoría de los programas escritos en lenguajes de programación de alto nivel, el proceso de obtención del código ejecutable consta de tres fases: *edición*, *compilación* y *enlace*. Sin embargo, algunos lenguajes –y C es pionero en este sentido– requieren una fase más, llamada *preproceso*. En esta etapa participa un programa llamado *preprocesador*. El preproceso siempre se realiza antes que la compilación, de hecho es el propio compilador quien llama al preprocesador antes de realizar la traducción del código fuente a código objeto.

El **preprocesador** sirve para realizar una serie de modificaciones en el código fuente escrito por el programador. Dichas modificaciones sirven, entre otras cosas, para que más tarde el enlazador pueda unir el código objeto del programa que se está desarrollando con el código objeto de otros programas.

En realidad, el preproceso no es visible al programador, ya que el preprocesador no guarda en disco ningún archivo, simplemente modifica el código fuente y se lo pasa al compilador para que este lo traduzca.

Finalmente, para que el código ejecutable de un programa se ejecute en la computadora, es necesario que otro programa del sistema operativo, llamado **cargador**, lo lleve a la memoria principal de la misma. A partir de ese momento, la CPU empezará a ejecutarlo.

Entornos Integrados de Desarrollo (EID)

En el mercado existen aplicaciones informáticas, llamadas *Entornos Integrados de Desarrollo* (**EID**), que incluyen a todos los programas necesarios para realizar todas las fases de puesta a punto de un programa; en el caso de C se necesita un editor, un preprocesador, un compilador y un enlazador. Además, un EID suele proporcionar otras herramientas software muy útiles para los programadores, tales como: *depuradores de código*, *ayuda en línea de uso del lenguaje*, etc. Todo ello, con el fin de ayudar y facilitar el trabajo al programador.

Al respecto, en el ***Apéndice I*** se ha incluido una pequeña guía de uso de Dev-C++, que es un entorno integrado de desarrollo que posibilita probar todos los ejemplos y ejercicios resueltos en el libro.

PRIMERA PARTE

Funciones **`printf`**, **`scanf`**, **`pow`** y **`getch`**.

Uso de variables y constantes.

1. Hola mundo

EJEMPLO

Mostrar por pantalla el mensaje "`Hola mundo.`" suele ser el primer programa de ejemplo utilizado en la mayoría de libros o tutoriales de programación. Así pues, si en pantalla se quiere mostrar:

```
Hola mundo.
```

Obsérvese que el saludo se visualiza justo en la esquina superior izquierda de la pantalla. Más adelante se estudiará cómo se puede mostrar en otro lugar de la pantalla.

En lenguaje C, se puede escribir el siguiente programa:

```
/* Programa: Hola mundo */

#include <conio.h>
#include <stdio.h>

int main()
{
   printf( "Hola mundo." );

   getch(); /* Pausa */

   return 0;
}
```

Funciones

Un programa escrito en C está compuesto por una o más funciones. Una función es un programa que puede ser invocado (llamado) desde otro programa. Cuando desde un programa se llama a otro, a este último se le denomina subprograma.

Existe una función que está presente en todos los programas escritos en C, su misión es marcar el inicio y fin de la ejecución de cada uno de ellos; es la función principal, la primera que se ejecuta; es la función **main** y contiene al bloque de instrucciones principal del programa. Su sintaxis "básica" es:

```
int main()
{
    <bloque_de_instrucciones>
}
```

Por otra parte, los paréntesis "**()**" escritos después de **main** sirven para indicar que el identificador **main** es una función. Es importante comprender que **main** no es una palabra reservada de C. Ningún identificador de función lo es.

En todos los lenguajes de programación existe un conjunto de palabras que tienen un significado especial, a estas palabras se las llama reservadas; son identificadores predefinidos. Por ejemplo, en lenguaje C la palabra **int** escrita delante de **main** es reservada; enseguida veremos por qué aparece ahí.

Acerca de los identificadores, qué tipos existen y qué reglas de sintaxis deben cumplir, véase el ***Apéndice J***.

Por otro lado, en el ***Apéndice M***, se puede consultar una lista de las palabras reservadas que existen en lenguaje C.

Elementos de un programa

Para escribir un programa en lenguaje C, se pueden utilizar los siguientes elementos: tipos de datos, variables, constantes, operadores, expresiones e instrucciones.

Todos ellos están relacionados entre sí y, a lo largo del libro, se describe cómo están relacionados.

Tipos de instrucciones

En C, las instrucciones, también llamadas sentencias, se pueden clasificar en tres tipos: de expresión, de control y compuestas.

Una **instrucción compuesta** siempre alberga, entre llaves (**{}**), a un bloque de instrucciones:

```
{
   <bloque_de_instrucciones>
}
```

Un bloque de instrucciones puede estar compuesto por una o más instrucciones, que, a su vez, pueden ser instrucciones de expresión, de control y/o compuestas nuevamente.

El cuerpo de toda función es una instrucción compuesta. Sirva como ejemplo el cuerpo de la función **main**, el cual alberga al bloque de instrucciones principal de un programa escrito en C.

Las **instrucciones de expresión**, también conocidas como instrucciones simples o elementales, son aquellas que representan a las acciones más pequeñas (elementales) que se pueden ejecutar en un programa, y siempre van seguidas de un carácter *punto y coma* (;), el cual indica que la instrucción ha terminado:

```
<instrucción_de_expresión>;
```

Una instrucción de expresión es, en sí misma, una expresión. De modo que, la acción que se ejecuta es la evaluación de dicha expresión:

```
<expresión>;
```

En cuanto a las **instrucciones de control**, existen de distintos tipos, y todas sirven para modificar el flujo de control de un programa. Veremos que, algunas de ellas deben ir seguidas del carácter *punto y coma* (`;`), pero otras no.

Funciones de la biblioteca estándar de C

Las funciones de la biblioteca estándar de C son un conjunto de funciones (subprogramas) que acompañan a todos los compiladores de C, y sirven para realizar un gran número de tareas.

Para poder escribir programas en C, es imprescindible ser conocedor de sus reglas de sintaxis y de las funciones de su biblioteca estándar.

Además de las funciones de la biblioteca estándar, la mayoría de los compiladores de C también proporcionan otras funciones que no son estándares, pero estas suelen ser muy útiles para el programador, quien, por otra parte, también puede desarrollar sus propias funciones.

Todas las funciones de la biblioteca estándar de C son subprogramas que ya están compilados, es decir, junto a cualquier compilador de C se acompañan los códigos objeto de todas las funciones de su biblioteca estándar, pero no sus códigos fuente. Por tanto, aunque no sea posible modificar sus códigos fuente, sí se puede hacer uso de dichas funciones en cualquier programa. Por ejemplo, se puede llamar a la función **`printf`** para que muestre por pantalla el saludo `"Hola mundo."`:

```
printf( "Hola mundo." );
```

Dentro de los paréntesis "**`()`**" de la función **`printf`**, se debe escribir, entre comillas dobles ("), el mensaje o cadena de caracteres que se desea mostrar por pantalla.

En programación, a una cadena de caracteres también se le conoce como literal y, en C, siempre se debe escribir entre comillas dobles (").

Obsérvese que, después del carácter cerrar paréntesis "**)**", se ha escrito un punto y coma (;). Esto implica que la llamada a la función **printf** es considerada como una instrucción de expresión.

Toda función retorna (devuelve) un valor. De manera que el resultado de evaluar una llamada a una función siempre es el valor devuelto por dicha función. Fíjese que la función **printf** realiza la tarea de mostrar "algo" por pantalla, pero ¿qué valor devuelve? y ¿dónde se almacena o para qué sirve dicho valor? Estas preguntas se responderán más adelante.

Del código fuente preprocesado de un programa, el compilador generará un código objeto que se debe unir (enlazar) con los códigos objeto de las funciones de la biblioteca estándar de C que se llamen desde dicho programa. Por ejemplo, el código objeto de nuestro primer programa se debe enlazar con el código objeto del subprograma **printf**.

El enlazador sabe dónde encontrar el código objeto de las funciones de la biblioteca estándar de C que utilice un programa. Sin embargo, para poder utilizar una función –sea de la biblioteca estándar de C o no– en un programa, la función debe ser declarada previamente.

Para que el compilador conozca la declaración de la función **printf**, hay que utilizar la directiva del preprocesador **#include**:

```
#include <stdio.h>
```

En este caso, la directiva **#include** indica, al preprocesador, que debe incluir, antes de la compilación, en el código fuente del programa, el contenido del archivo **stdio.h** (*stdio*, *Standard Input/Output*). En dicho archivo están escritas las declaraciones de todas las funciones de entrada y salida estándar de la biblioteca estándar de C, como **printf**. Si el compilador no sabe quién es **printf**, no podrá generar el código objeto del programa.

Para saber más sobre la función **printf**, véase el ***Apéndice E***.

Las funciones de la biblioteca estándar de C están clasificadas en base a su funcionalidad, y sus declaraciones se agrupan en archivos con extensión (.h), los cuales son llamados archivos de cabecera. Además de **stdio.h**, algunos de los archivos de cabecera más utilizados en C son: **math.h**, **string.h** y **stdlib.h**. En ellos están escritas, respectivamente, las declaraciones de las funciones matemáticas, funciones de cadenas y funciones de utilidad de la biblioteca estándar de C.

Después de **#include**, el nombre del archivo de cabecera se puede escribir entre los caracteres *menor y mayor* (**<stdio.h>**), o entre comillas dobles (**"stdio.h"**). Cuando se escriba entre comillas dobles, el preprocesador buscará dicho archivo en el directorio actual de trabajo, y de no encontrarlo ahí, entonces lo buscará en el directorio especificado por el compilador. En el caso de escribirse entre los caracteres *menor y mayor*, el proceso de búsqueda será al revés.

Además de la directiva del preprocesador **#include**, existen otras, pero ninguna de ellas es una palabra reservada de C.

El código objeto generado por el compilador de C tendrá "huecos" (espacios) donde más tarde el enlazador escribirá el código objeto correspondiente a las llamadas de las funciones ya compiladas –como **printf**– y, así, generar el archivo ejecutable.

Antes hemos dicho que toda función retorna un valor. En nuestro primer programa se ha escrito:

```
return 0;
```

Esto quiere decir que la función **main** devuelve el valor **0**.

Por otro lado, precediendo a **main** se ha escrito la palabra reservada **int**, indicando así, que la función retornará un valor de tipo **int** (entero).

```
int main()
```

En general, la instrucción **return** suele ser la última del bloque de instrucciones de la función **main**. Al retornar el valor **0**, indica –informa al sistema operativo– que el programa finalizó correctamente, es decir, sin producirse ningún error en su ejecución. Cuando la función **main** devuelva un valor distinto de cero, esto significará que se ha producido algún error en la ejecución del programa, o que ha ocurrido algo fuera de lo normal.

La instrucción **return** es una de las instrucciones de control que existen en C. Por tanto, es otra palabra reservada. Después del valor de retorno (que es una expresión) se debe escribir un punto y coma (;).

La sintaxis de la instrucción **return** es:

```
return <expresión>;
```

Por el momento, se ha visto que la sintaxis "básica" de un programa escrito en C es:

```
[ <directivas_del_preprocesador> ]

int main()
{
   <bloque_de_instrucciones>
}
```

Por otra parte, la función **getch** del programa, sirve para leer un carácter por teclado, sin eco por pantalla. Por tanto, permite realizar una "pausa". Para poder hacer uso de **getch** hay que incluir el archivo de cabecera **conio.h**, del cual hay que tener en cuenta que no está incluido en la biblioteca estándar de C, pero sí lo incluyen algunos compiladores de C, en especial los creados para MS-DOS y Windows.

Comentarios

Como se puede ver, entre los caracteres *barra-asterisco* (**/***) y *asterisco-barra* (***/**) se pueden escribir comentarios en el código fuente de un programa escrito en lenguaje C. Dichos comentarios serán ignorados por el compilador y, por tanto, su presencia en el código fuente es meramente informativa.

Hola mundo (Versión 2)

Si en la pantalla el mensaje "`Hola mundo.`" se quiere mostrar una línea más abajo, dejando tres espacios en blanco al principio de la línea y, además, se desea mostrar el mensaje "`Pulse una tecla para salir...`":

```
Hola mundo.

Pulse una tecla para salir...
```

Se pueden realizar los siguientes cambios:

```
/* Programa: Hola mundo (Versión 2) */

#include <conio.h>
#include <stdio.h>

int main()
{
   printf( "\n   Hola mundo." );
   printf( "\n\n   Pulse una tecla para salir..." );

   getch(); /* Pausa */

   return 0;
}
```

\n es una *secuencia de escape* que sirve para mover el cursor al principio de la línea siguiente.

En el ***Apéndice N*** se muestra una lista de las secuencias de escape que se pueden utilizar en lenguaje C.

Fases de la puesta a punto de un programa

Para crear un programa en C, se deben llevar a cabo las fases de puesta a punto mencionadas en el apartado ***Introducción a la programación*** del libro:

Edición

En esta primera fase, el programador debe hacer uso de un editor de textos, con el cual se obtendrá el llamado código fuente del programa.

El programador deberá guardar dicho código fuente en un archivo con extensión (.c) o (.cpp).

Si un programa escrito en C se va a compilar con un compilador de C, el código fuente debe ser guardado, obligatoriamente, en un archivo con extensión (.c). Ahora bien, si se utiliza un compilador de C/C++, el archivo se puede guardar con extensión (.c) o (.cpp).

Preproceso

El preproceso sirve para realizar modificaciones en el código fuente obtenido en la fase de edición. Es el programador quien, mediante directivas del preprocesador, "dice" al preprocesador las modificaciones que este debe llevar a cabo.

El preprocesador es un programa característico de C, es decir, en otros lenguajes de programación no existe, y siempre se ejecuta antes de llevarse a cabo la compilación. Esto es debido a que, es el propio compilador quien llama al preprocesador antes de realizar la compilación.

Compilación

Una vez que el código fuente ha sido preprocesado, el compilador traducirá ese código fuente (modificado) a código máquina, también llamado código objeto, siempre y cuando, el propio compilador no detecte ningún error en dicho código fuente ya preprocesado.

Como resultado de la compilación, el compilador guardará el código objeto del programa en un archivo con otra extensión, que dependiendo del sistema operativo puede variar. Por ejemplo, en Windows, se guardará con la extensión (.obj), abreviatura de *object.*

Enlace, linkaje o **montaje**

Se sabe que los programas pueden utilizar funciones de la biblioteca estándar de C, tales como **`printf`**. De cada una de ellas existe un código objeto que debe ser enlazado (unido) al código objeto del programa que las utilice. Esto se realiza mediante un programa llamado enlazador, linkador o montador.

Como resultado del enlace, el enlazador guardará, en disco, un archivo ejecutable. En Windows, dicho archivo tendrá extensión (.exe), abreviatura de *executable.* Dicho archivo será "el ejecutable".

Además de las funciones de la biblioteca estándar de C, el programador también puede utilizar funciones que hayan sido desarrolladas por él mismo. Estas pueden agruparse en su propia biblioteca de funciones (no estándar). Por lo que, también en esta fase, el código objeto de dichas funciones deberá ser enlazado al código objeto del programa que las utilice.

Véase en el ***Apéndice I*** una guía básica sobre cómo editar, compilar y ejecutar el programa "Hola mundo" con la aplicación Dev-C++.

2. Área de una circunferencia

EJEMPLO

Teniendo en cuenta que la fórmula para calcular el área de una circunferencia es:

Área de una circunferencia = Π * radio^2

Si en lenguaje C se quiere escribir un programa que:

1º) Pida por teclado el radio (dato real) de una circunferencia.

2º) Calcule el área de la circunferencia.

3º) Muestre por pantalla el resultado (dato real).

Nota: considérese que el valor de Π (PI) es 3,141592.

Mostrándose en pantalla, por ejemplo:

```
Introduzca radio: 3.5

El área de la circunferencia es: 38.48

Pulse una tecla para salir...
```

En C se puede escribir:

Solución 1: utilizando dos variables

```
/* Programa: Área de una circunferencia (Solución 1) */

#include <conio.h>
#include <stdio.h>

int main()
{
    float area, radio;

    printf( "\n   Introduzca radio: " );

    scanf( "%f", &radio );

    area = 3.141592 * radio * radio;

    printf( "\n   El %crea de la circunferencia es: %.2f",
            160, area );

    printf( "\n\n   Pulse una tecla para salir..." );

    getch(); /* Pausa */

    return 0;
}
```

`float area, radio` sirve para declarar las variables **`area`** y **`radio`** con el fin de almacenar dos números reales (**`float`**).

`scanf( "%f", &radio )` permite que el usuario del programa introduzca por teclado el valor del radio y, puesto que la variable **`radio`** es de tipo **`float`** (número real), se tiene que escribir el especificador de formato asociado a la entrada de un número real (**`%f`**).

En el ***Apéndice C*** se muestra una lista de especificadores de formato que se pueden utilizar en lenguaje C.

Por otra parte, el carácter *ampersand* (**&**) sirve para indicar la dirección de memoria de la variable **radio**, es decir, la dirección de memoria donde se va a almacenar el dato introducido por el usuario.

Para saber más sobre la función **scanf**, véase el ***Apéndice F***.

Con la instrucción:

```
area = 3.141592 * radio * radio;
```

Se asigna a la variable **area** el resultado de aplicar la fórmula del área de la circunferencia.

El operador *multiplicación* (*****) es uno de los operadores aritméticos que se pueden utilizar en C.

En el ***Apéndice L*** se enumeran los distintos operadores (aritméticos, relacionales, lógicos...) que se pueden utilizar en este lenguaje.

Para mostrar por pantalla la letra (á) con tilde de la palabra (área), en la función **printf** hay que especificar el lugar donde se quiere mostrar escribiendo **%c**, e indicar el número que corresponde al carácter (á) en ASCII, es decir 160.

%.2f indica que ahí se debe mostrar un número real (**float**) con dos decimales. En concreto, se mostrará el valor de la variable **area**.

Solución 2: utilizando dos variables y una constante

A continuación, se muestra una segunda solución en la que se hace uso de una constante:

```
/* Programa: Área de una circunferencia (Solución 2) */

#include <conio.h>

#include <math.h>

#include <stdio.h>

#define PI 3.141592

int main()
{
   float area, radio;

   printf( "\n   Introduzca radio: " );

   scanf( "%f", &radio );

   area = PI * pow( radio, 2 );

   printf( "\n   El %crea de la circunferencia es: %.2f",
           160, area );

   printf( "\n\n   Pulse una tecla para salir..." );

   getch(); /* Pausa */

   return 0;
}
```

En lenguaje C, la directiva **`#define`** permite representar constantes simbólicas. Por tanto, con **`#define PI 3.141592`** se declara la constante **`PI`**, indicando al preprocesador que debe sustituir, en el código fuente del programa, todas las ocurrencias de **`PI`** por la secuencia de caracteres **`3.141592`**, antes de la compilación.

La función **pow** devuelve, sobre el propio identificador de la función, el resultado que se obtiene de elevar el *operando número base* al *operando exponente*, en este caso devuelve el resultado de elevar el valor de **radio** a 2. Para poder hacer uso de dicha función, hay que escribir **#include <math.h>**. El valor de retorno de la función **pow** es de tipo **double**, con independencia de que los operandos sean reales o enteros.

En C existen dos tipos de datos para expresar el tipo de dato real (**float** y **double**). La diferencia principal entre ambos está en el hecho de que un dato de tipo **double** puede tomar por valor un número perteneciente a un subconjunto de *R* mayor que un dato de tipo **float**.

Solución 3: utilizando una variable y una constante

Otra posible solución es:

```
/* Programa: Área de una circunferencia (Solución 3) */

#include <conio.h>
#include <math.h>
#include <stdio.h>

#define PI 3.141592

int main()
{
   float radio;

   printf( "\n   Introduzca radio: " );
   scanf( "%f", &radio );

   printf( "\n   El %crea de la circunferencia es: %.2f",
           160, PI * pow( radio, 2 ) );

   printf( "\n\n   Pulse una tecla para salir..." );
   getch(); /* Pausa */

   return 0;
}
```

Obsérvese que, en esta última solución, la variable **area** no ha sido declarada.

Acerca del uso de constantes y variables, en los ***Apéndices A*** y ***P***, respectivamente, se estudian con más profundidad.

Tipos de datos

En C se dice que todos los datos que utilizan los programas son básicos (simples predefinidos o estándares) o derivados. Los tipos de datos básicos en C se clasifican en:

· Número entero (**int**).

· Número real (**float** y **double**).

· Carácter (**char**).

· Sin valor (**void**).

A diferencia de otros lenguajes, en *"C estándar"* no existen datos de tipo lógico que pueden tomar por valor uno de los dos siguientes: ***verdadero*** o ***falso***. Ahora bien, se pueden simular con datos de tipo entero, considerándose el valor cero (**0**) como ***falso***, y cualquier otro valor entero como ***verdadero***. Para ello, generalmente, se emplea el valor uno (**1**).

La diferencia principal entre **float** y **double** está en el hecho de que un dato de tipo **double** puede tomar por valor un número perteneciente a un subconjunto de *R* mayor que un dato de tipo **float**.

Un dato de tipo **void** es un dato que no puede tomar por valor ningún valor, es decir, es un dato vacío (nulo).

De todos los tipos de datos que no son básicos se dice que son derivados, ya que están basados en alguno que sí lo es.

Modificadores de los tipos de datos de básicos

En C se pueden hacer cambios a los tipos de datos básicos haciendo uso de los siguientes modificadores:

· **`signed`** (aplicable a **`int`** y **`char`**).

· **`unsigned`** (aplicable a **`int`** y **`char`**).

· **`long`** (aplicable a **`int`** y **`double`**).

· **`short`** (aplicable a **`int`**).

Todos los modificadores se pueden utilizar por sí solos, haciendo referencia –por defecto– al tipo **`int`**.

> En el ***Apéndice O*** se muestra una lista de las posibles combinaciones de modificadores y tipos de datos básicos que se pueden utilizar en lenguaje C.

Símbolos reservados

Los símbolos reservados son aquellos caracteres que tienen un significado especial. En todos los lenguajes de programación existe un conjunto de símbolos reservados. Por ejemplo, en la sintaxis para declarar variables (véase el ***Apéndice P***) se utilizan los siguientes:

> = (*igual*, separador del identificador de una variable y de su expresión asignada en su declaración)
>
> , (*coma*, separadora de los identificadores de varias variables en su declaración)

3. Saludo

EJERCICIO RESUELTO

Escribir en lenguaje C un programa que:

1º) Pida por teclado el nombre (dato cadena) de una persona.

2º) Muestre por pantalla el mensaje: "`Hola <nombre>, buenos días.`".

En pantalla se verá:

```
Introduzca su nombre: Paqui
Hola Paqui, buenos días.
```

Solución: uso de funciones `printf`, `scanf` y `getch`

```
/* Programa: Saludo */

#include <conio.h>
#include <stdio.h>

int main()
{
   char nombre[20];

   printf( "\n   Introduzca su nombre: " );

   scanf( "%s", nombre );

   printf( "\n   Hola %s, buenos d%cas.", nombre, 161 );

   getch(); /* Pausa */

   return 0;
}
```

`char nombre[20]` sirve para declarar la variable **`nombre`** de tipo cadena, pudiendo contener 20 **`char`** (caracteres).

El especificador de formato **`%s`** debe utilizarse tanto en **`scanf`** como en **`printf`** para las cadenas (*strings*).

Obsérvese que, en este ejercicio, en la función **`scanf`** no hay que escribir el carácter *ampersand* (**`&`**) antes de la variable **`nombre`**. Esto es así, ya que para las variables de tipo cadena (arrays de caracteres), su propio identificador (**`nombre`**, en este caso) ya hace referencia a la dirección de memoria donde se va a almacenar el dato.

161 es el número que corresponde al carácter (í) en ASCII.

4. Nombre y apellidos de una persona

EJERCICIO RESUELTO

¿Cuál es la salida por pantalla del siguiente programa?

```
/* Programa: Nombre y apellidos de una persona */

#include <stdio.h>
#include <string.h>

#define APELLIDO "Rivas"

int main()
{
   char apellidos[20], nombre[10] = "Carlos",
        persona[29];

   strcpy( apellidos, "Pes" );

   strcat( apellidos, APELLIDO );

   strcpy( persona, nombre );

   strcat( persona, apellidos );

   printf( "%s", persona );

   getch(); /* Pausa */

   return 0;
}
```

Acerca de las funciones **strcat** y **strcpy**, véanse los ***Apéndices G*** y ***H***.

Solución

En pantalla se mostrará:

```
CarlosPesRivas
```

5. De pesetas a euros

EJERCICIO RESUELTO

Escribir en lenguaje C un programa que:

1º) Pida por teclado una cantidad (dato entero) en pesetas.

2º) Calcule su equivalente en euros.

3º) Muestre por pantalla el resultado (dato real).

Nota: 1 euro = 166,386 pesetas (la peseta fue una moneda utilizada en España desde 1868 a 1999, antes de la aparición del euro).

En pantalla se verá:

```
Introduzca cantidad en pesetas: 398

Equivalen a: 2.39 euros
```

Solución 1: declarando una constante

```
/* Programa: De pesetas a euros (Solución 1) */

#include <conio.h>
#include <stdio.h>

#define EURO 166.386

int main()
{
   int pesetas;

   float euros;

   printf( "\n   Introduzca cantidad en pesetas: " );

   scanf( "%d", &pesetas );

   euros = pesetas / EURO;

   printf( "\n   Equivalen a: %.2f euros", euros );

   getch(); /* Pausa */

   return 0;
}
```

En la función **scanf**, puesto que la variable **pesetas** es de tipo entero (**int**), se tiene que escribir el especificador de formato asociado a la entrada de un número entero (**%d**).

Solución 2: sin utilizar ninguna constante

```
/* Programa: De pesetas a euros (Solución 2) */

#include <conio.h>
#include <stdio.h>

int main()
{
   int pesetas;

   printf( "\n   Introduzca cantidad en pesetas: " );

   scanf( "%d", &pesetas );

   printf( "\n   Equivalen a: %.2f euros",
           pesetas / 166.386 );

   getch(); /* Pausa */

   return 0;
}
```

6. Volumen de un cubo

EJERCICIO RESUELTO

Escribir en lenguaje C un programa que:

1º) Pida por teclado la arista (dato real) de un cubo.

2º) Calcule el volumen del cubo.

3º) Muestre por pantalla el resultado (dato real).

Nota: volumen de un cubo = $arista^3$

En pantalla se verá:

```
Introduzca arista: 8.14

El volumen del cubo es: 539.35
```

Solución 1: utilizando la función pow y dos variables

```
/* Programa: Volumen de un cubo (Solución 1) */

#include <conio.h>
#include <math.h>
#include <stdio.h>

int main()
{
   float arista, volumen;

   printf( "\n   Introduzca arista: " );

   scanf( "%f", &arista );

   volumen = pow( arista, 3 );

   printf( "\n   El volumen del cubo es: %.2f",
           volumen );

   getch(); /* Pausa */

   return 0;
}
```

Solución 2: utilizando la función pow y una variable

```
/* Programa: Volumen de un cubo (Solución 2) */

#include <conio.h>
#include <math.h>
#include <stdio.h>

int main()
{
   float arista;

   printf( "\n   Introduzca arista: " );

   scanf( "%f", &arista );

   printf( "\n   El volumen del cubo es: %.2f",
           pow( arista, 3 ) );

   getch(); /* Pausa */

   return 0;
}
```

7. Suma y multiplicación de dos números

EJERCICIO RESUELTO

Escribir en lenguaje C un programa que:

1º) Pida por teclado dos números (datos enteros).

2º) Calcule la suma y multiplicación de los dos números introducidos.

3º) Muestre por pantalla los resultados (datos enteros).

En pantalla se verá:

```
Introduzca primer número (entero): 5
Introduzca segundo número (entero): 3
La suma es: 8
La multiplicación es: 15
```

Solución 1: utilizando cuatro variables

```
/* Programa: Suma y multiplicación de dos números
(Solución 1) */

#include <conio.h>
#include <stdio.h>

int main()
{
   int n1, n2, producto, suma;

   printf( "\n   Introduzca primer n%cmero (entero): ",
   163 );

   scanf( "%d", &n1 );

   printf( "\n   Introduzca segundo n%cmero (entero): ",
   163 );

   scanf( "%d", &n2 );

   suma = n1 + n2;

   producto = n1 * n2;

   printf( "\n   La suma es: %d", suma );

   printf( "\n\n   La multiplicaci%cn es: %d",
           162, producto );

   getch(); /* Pausa */

   return 0;
}
```

162 y 163 son los números que corresponden a los caracteres (ó) y (ú) en ASCII.

Solución 2: utilizando dos variables

```
/* Programa: Suma y multiplicación de dos números
(Solución 2) */

#include <conio.h>
#include <stdio.h>

int main()
{
   int n1, n2;

   printf( "\n   Introduzca primer n%cmero (entero): ",
   163 );

   scanf( "%d", &n1 );

   printf( "\n   Introduzca segundo n%cmero (entero): ",
   163 );

   scanf( "%d", &n2 );

   printf( "\n   La suma es: %d", n1 + n2 );

   printf( "\n\n   La multiplicaci%cn es: %d",
           162, n1 * n2 );

   getch(); /* Pausa */

   return 0;
}
```

8. Nota media de tres exámenes

EJERCICIO RESUELTO

Escribir en lenguaje C un programa que:

1º) Pida por teclado la nota de tres exámenes (datos reales).

2º) Calcule la nota media de los tres exámenes.

3º) Muestre por pantalla el resultado (dato real).

En pantalla se verá:

```
Introduzca nota del primer examen: 6.4

Introduzca nota del segundo examen: 6.8

Introduzca nota del tercer examen: 5.3

La nota media es: 6.17
```

Solución 1: utilizando cuatro variables

```
/* Programa: Nota media de tres exámenes (Solución 1) */

#include <conio.h>
#include <stdio.h>

int main()
{
   float nota1, nota2, nota3, media;

   printf( "\n   Introduzca nota del primer examen: " );

   scanf( "%f", &nota1 );

   printf( "\n   Introduzca nota del segundo examen: " );

   scanf( "%f", &nota2 );

   printf( "\n   Introduzca nota del tercer examen: " );

   scanf( "%f", &nota3 );

   media = ( nota1 + nota2 + nota3 ) / 3;

   printf( "\n   La nota media es: %.2f", media );

   getch(); /* Pausa */

   return 0;
}
```

Solución 2: utilizando tres variables

```
/* Programa: Nota media de tres exámenes (Solución 2) */

#include <conio.h>
#include <stdio.h>

int main()
{
   float nota1, nota2, nota3;

   printf( "\n   Introduzca nota del primer examen: " );

   scanf( "%f", &nota1 );

   printf( "\n   Introduzca nota del segundo examen: " );

   scanf( "%f", &nota2 );

   printf( "\n   Introduzca nota del tercer examen: " );

   scanf( "%f", &nota3 );

   printf( "\n   La nota media es: %.2f",
           ( nota1 + nota2 + nota3 ) / 3 );

   getch(); /* Pausa */

   return 0;
}
```

9. Intercambio de los valores de dos variables

EJERCICIO RESUELTO

Escribir en lenguaje C un programa que:

1º) Pida por teclado dos números (datos enteros) y sean almacenados en dos variables, llamadas **v1** y **v2**.

2º) Intercambie los valores de las variables.

3º) Muestre por pantalla los valores contenidos en las variables.

En pantalla se verá:

```
Introduzca el valor de v1: 25

Introduzca el valor de v2: 49

Intercambiando los valores...

Ahora, el valor de v1 es: 49

Ahora, el valor de v2 es: 25
```

Solución: utilizando una variable auxiliar

```
/* Programa: Intercambio de los valores de dos
variables */

#include <conio.h>
#include <stdio.h>

int main()
{
   int auxiliar, v1, v2;

   printf( "\n   Introduzca el valor de v1: " );
   scanf( "%d", &v1 );
   printf( "\n   Introduzca el valor de v2: " );
   scanf( "%d", &v2 );

   printf( "\n   Intercambiando los valores..." );

   /* Para hacer el intercambio utilizamos una variable
      auxiliar */

   auxiliar = v1;
   v1 = v2;
   v2 = auxiliar;

   printf( "\n\n   Ahora, el valor de v1 es: %d", v1 );
   printf( "\n\n   Ahora, el valor de v2 es: %d", v2 );

   getch(); /* Pausa */

   return 0;
}
```

El intercambio de valores también se puede hacer con las instrucciones:

```
auxiliar = v2;
v2 = v1;
v1 = auxiliar;
```

10. Perímetro de una circunferencia

EJERCICIO RESUELTO

Escribir en lenguaje C un programa que:

1º) Pida por teclado el radio (dato real) de una circunferencia.

2º) Calcule el perímetro de la circunferencia.

3º) Muestre por pantalla el resultado (dato real).

Nota 1: perímetro de una circunferencia = 2 * Π * radio

Nota 2: Π (PI) debe declararse como una constante.

En pantalla se verá:

```
Introduzca radio: 3.5

El perímetro es: 21.991144
```

Solución 1: utilizando dos variables

```
/* Programa: Perímetro de una circunferencia (Solución 1)
*/

#include <conio.h>
#include <stdio.h>

#define PI 3.141592

int main()
{
   float perimetro, radio;

   printf( "\n   Introduzca radio: " );

   scanf( "%f", &radio );

   perimetro = 2 * PI * radio;

   printf( "\n   El per%cmetro es: %f", 161, perimetro );

   getch(); /* Pausa */

   return 0;
}
```

Solución 2: utilizando una variable

```
/* Programa: Perímetro de una circunferencia (Solución 2)
*/

#include <conio.h>
#include <stdio.h>

#define PI 3.141592

int main()
{
   float radio;

   printf( "\n   Introduzca radio: " );

   scanf( "%f", &radio );

   printf( "\n   El per%cmetro es: %f",
           161, 2 * PI * radio );

   getch(); /* Pausa */

   return 0;
}
```

11. Número anterior y posterior

EJERCICIO RESUELTO

Escribir en lenguaje C un programa que:

1º) Pida por teclado un número (dato entero).

2º) Muestre por pantalla el número anterior y el número posterior (datos enteros).

En pantalla:

```
Introduzca un número entero: 35

El número anterior es: 34

El número posterior es: 36
```

Solución

```
/* Programa: Número anterior y posterior */

#include <conio.h>
#include <stdio.h>

int main()
{
   int numero;

   printf( "\n   Introduzca un n%cmero entero: ", 163 );

   scanf( "%d", &numero );

   printf( "\n   El n%cmero anterior es: %d",
           163, numero - 1 );

   printf( "\n\n   El n%cmero posterior es: %d",
           163, numero + 1 );

   getch(); /* Pausa */

   return 0;
}
```

12. Segundos de una hora

EJERCICIO RESUELTO

Escribir en lenguaje C un programa que:

1º) Pida por teclado una hora en horas, minutos y segundos (datos enteros).

2º) Calcule cuántos segundos han pasado desde las 0:0:0 horas.

3º) Muestre por pantalla el resultado (dato entero).

Nota: se asume que la hora introducida es correcta.

En pantalla:

```
Introduzca horas: 14

Introduzca minutos: 33

Introduzca segundos: 35

Desde las 0:0:0 horas han pasado 52415 segundos.
```

Solución 1: utilizando cuatro variables

```
/* Programa: Segundos de una hora (Solución 1) */

#include <conio.h>
#include <stdio.h>

int main()
{
   int horas, minutos, segundos, total;

   printf( "\n   Introduzca horas: " );
   scanf( "%d", &horas );

   printf( "\n   Introduzca minutos: " );
   scanf( "%d", &minutos );

   printf( "\n   Introduzca segundos: " );
   scanf( "%d", &segundos );

   total = horas * 3600 + minutos * 60 + segundos;

   printf( "\n   Desde las 0:0:0 horas han pasado %d
segundos.", total );

   getch(); /* Pausa */

   return 0;
}
```

Solución 2: utilizando tres variables

```
/* Programa: Segundos de una hora (Solución 2) */

#include <conio.h>
#include <stdio.h>

int main()
{
   int h, m, s;

   printf( "\n   Introduzca horas: " );
   scanf( "%d", &h );

   printf( "\n   Introduzca minutos: " );
   scanf( "%d", &m );

   printf( "\n   Introduzca segundos: " );
   scanf( "%d", &s );

   printf( "\n   Desde las 0:0:0 horas han pasado %d
segundos.", h * 3600 + m * 60 + s );

   getch(); /* Pausa */

   return 0;
}
```

13. Coste de una llamada telefónica

EJERCICIO RESUELTO

Suponiendo que el coste de una llamada telefónica es de 25 céntimos el minuto, más 49 céntimos por el establecimiento de llamada. Escribir en lenguaje C un programa que:

1º) Pida por teclado la duración en minutos (dato entero) de una llamada telefónica.

2º) Calcule el coste de la llamada telefónica.

3º) Muestre por pantalla el resultado (dato real) en euros.

Nota: 1 euro = 100 céntimos

En pantalla:

```
Introduzca duración de la llamada: 13

El coste de la llamada telefónica es: 3.74 euros
```

Solución 1: utilizando constantes simbólicas

```
/* Programa: Coste de una llamada telefónica (Solución 1)
*/

#include <conio.h>
#include <stdio.h>

#define ESTABLECIMIENTO 49
#define MINUTO 25

int main()
{
   int duracion;
   float coste;

   printf( "\n   Introduzca duraci%cn de la llamada: ",
           162 );

   scanf( "%d", &duracion );

   coste = ( float ) ( duracion * MINUTO +
                       ESTABLECIMIENTO ) / 100;

   printf( "\n   El coste de la llamada telef%cnica es:
%.2f euros", 162, coste );

   getch(); /* Pausa */

   return 0;
}
```

Solución 2: sin utilizar constantes simbólicas

```
/* Programa: Coste de una llamada telefónica (Solución 2)
*/

#include <conio.h>
#include <stdio.h>

int main()
{
   int duracion;

   printf( "\n   Introduzca duraci%cn de la llamada: ",
           162 );

   scanf( "%d", &duracion );

   printf( "\n   El coste de la llamada telef%cnica es:
%.2f euros", 162, duracion * .25 + .49 );

   getch(); /* Pausa */

   return 0;
}
```

14. Kilos de azúcar y café

EJERCICIO RESUELTO

Suponiendo que el kilo de azúcar y de café están a 0'4 y 0'13 euros respectivamente, escribir en lenguaje C un programa que:

1º) Pida por teclado una cantidad (dato real) en euros.

2º) Si la mitad de la cantidad introducida se destina a comprar azúcar, una tercera parte a comprar café, y el resto no se gasta. Calcule cuántos kilos de azúcar y café (datos reales) se pueden comprar con dicha cantidad de dinero, así como la cantidad (dato real) de dinero sobrante.

3º) Muestre por pantalla los resultados (datos reales).

En pantalla:

```
Introduzca cantidad: 3.5

4.38 kilos de azúcar

8.97 kilos de café

Quedan 0.58 euros
```

Solución 1: utilizando constantes simbólicas

```
/* Programa: Kilos de azúcar y café (Solución 1) */

#include <conio.h>
#include <stdio.h>

#define coste_azucar .4
#define coste_cafe .13

int main()
{
   float cantidad, kilos_azucar, kilos_cafe;

   printf( "\n   Introduzca cantidad: " );
   scanf( "%f", &cantidad );

   kilos_azucar = cantidad / 2 / coste_azucar;
   kilos_cafe = cantidad / 3 / coste_cafe;
   cantidad = cantidad / 6;

   printf( "\n   %.2f kilos de az%ccar",
           kilos_azucar, 163 );

   printf( "\n\n   %.2f kilos de caf%c",
           kilos_cafe, 130 );

   printf( "\n\n   Quedan %.2f euros", cantidad );

   getch(); /* Pausa */

   return 0;
}
```

130 y 163 son los números que corresponden a los caracteres (é) y (ú) en ASCII.

Solución 2: sin utilizar constantes simbólicas

```
/* Programa: Kilos de azúcar y café (Solución 2) */

#include <conio.h>
#include <stdio.h>

int main()
{
   float cantidad;

   printf( "\n   Introduzca cantidad: " );
   scanf( "%f", &cantidad );

   printf( "\n   %.2f kilos de az%ccar",
           cantidad / 2 / .4, 163 );

   printf( "\n\n   %.2f kilos de caf%c",
           cantidad / 3 / .13, 130 );

   printf( "\n\n   Quedan %.2f euros", cantidad / 6 );

   getch(); /* Pausa */

   return 0;
}
```

15. Intercambio de los valores de tres variables

EJERCICIO RESUELTO

Escribir en lenguaje C un programa que:

1º) Pida por teclado tres números (datos enteros) y sean almacenados en tres variables, llamadas **v1**, **v2** y **v3**.

2º) Intercambie los valores de las variables de la siguiente manera:

· El contenido de **v1** pase a **v2**.

· El contenido de **v2** pase a **v3**.

· El contenido de **v3** pase a **v1**.

3º) Muestre por pantalla los valores contendidos en las variables.

En pantalla:

```
Introduzca el valor de v1: 18
Introduzca el valor de v2: 9
Introduzca el valor de v3: 17

Intercambiando los valores...

Ahora, el valor de v1 es: 17
Ahora, el valor de v2 es: 18
Ahora, el valor de v3 es: 9
```

Solución: utilizando una variable auxiliar

```
/* Programa: Intercambio de los valores de tres
variables */

#include <conio.h>
#include <stdio.h>

int main()
{
    int auxiliar, v1, v2, v3;
    printf( "\n   Introduzca el valor de v1: " );
    scanf( "%d", &v1);
    printf( "   Introduzca el valor de v2: " );
    scanf( "%d", &v2);
    printf( "   Introduzca el valor de v3: " );
    scanf( "%d", &v3);
    printf( "\n   Intercambiando los valores..." );

    auxiliar = v3;
    v3 = v2;
    v2 = v1;
    v1 = auxiliar;

    printf( "\n\n   Ahora, el valor de v1 es: %d", v1 );
    printf( "\n   Ahora, el valor de v2 es: %d", v2 );
    printf( "\n   Ahora, el valor de v3 es: %d", v3 );

    getch(); /* Pausa */
    return 0;
}
```

El intercambio de valores también se puede hacer con otras instrucciones. Por ejemplo:

```
    auxiliar = v1;
    v1 = v3;
    v3 = v2;
    v2 = auxiliar;
```

16. Cambio de los valores de tres variables

EJERCICIO RESUELTO

Escribir en lenguaje C un programa que:

1º) Pida por teclado tres números (datos enteros) y sean almacenados en tres variables, llamadas **a**, **b** y **c**.

2º) Cambie los valores de las variables del siguiente modo:

· El contenido de **a** pase a ser el doble de **c**.

· El contenido de **b** pase a ser la suma de **a** más **c**.

· El contenido de **c** pase a ser el triple de **b**.

3º) Muestre por pantalla los valores contendidos en las variables.

Nota: solo se pueden declarar cuatro variables en el programa.

En pantalla:

```
Introduzca el valor de a: 9
Introduzca el valor de b: 8
Introduzca el valor de c: 17

Cambiando los valores...

Ahora, el valor de a es: 34
Ahora, el valor de b es: 26
Ahora, el valor de c es: 24
```

Solución: utilizando una variable auxiliar

```
/* Programa: Cambio de los valores de tres variables */

#include <conio.h>
#include <stdio.h>

int main()
{
   int auxiliar, a, b, c;

   printf( "\n   Introduzca el valor de a: " );
   scanf( "%d", &a );
   printf( "   Introduzca el valor de b: " );
   scanf( "%d", &b );
   printf( "   Introduzca el valor de c: " );
   scanf( "%d", &c );
   printf( "\n   Cambiando los valores..." );

   auxiliar = b;
   b = a + c;
   a = c * 2;
   c = auxiliar * 3;

   printf( "\n\n   Ahora, el valor de a es: %d", a );
   printf( "\n   Ahora, el valor de b es: %d", b );
   printf( "\n   Ahora, el valor de c es: %d", c );

   getch(); /* Pausa */

   return 0;
}
```

SEGUNDA PARTE
Instrucción alternativa **`if`**.

17. Calificación según nota

EJEMPLO

Si en lenguaje C se quiere escribir un programa que:

1º) Pida por teclado la nota (dato real) de una asignatura.

2º) Muestre por pantalla:

· "APROBADO", en el caso de que la nota sea mayor o igual que 5.

· "SUSPENDIDO", en el caso de que la nota sea menor que 5.

De modo que, por pantalla se vea, por ejemplo:

```
Introduzca nota (real): 5.3
APROBADO
```

Otra posibilidad es:

```
Introduzca nota (real): 3.5
SUSPENDIDO
```

Solución: utilizando la instrucción `if`

Para resolver el problema planteado, en lenguaje C se puede escribir:

```
/* Programa: Calificación según nota */

#include <conio.h>
#include <stdio.h>

int main()
{
   float nota;

   printf( "\n   Introduzca nota (real): " );
   scanf( "%f", &nota );

   if ( nota >= 5 )
   {
       printf( "\n   APROBADO" );
   }
   else
   {
       printf( "\n   SUSPENDIDO" );
   }

   getch(); /* Pausa */

   return 0;
}
```

En el código fuente, se ha utilizado una instrucción alternativa doble (**`if else`**) que permite seleccionar, por medio de una condición (**`nota >= 5`**, en este caso), el siguiente bloque de instrucciones a ejecutar, de entre dos posibles. En este programa, cada uno de los bloques de instrucciones solo contiene una instrucción **`printf`**, pero podrían contener más instrucciones.

Los bloques de instrucciones de una instrucción **`if else`** se tienen que escribir entre llaves (**`{}`**). Ahora bien, cuando un bloque de instrucciones solo contiene una instrucción, dichas llaves son opcionales. Por tanto, también se podría haber escrito:

```
if ( nota >= 5 )
   printf( "\n   APROBADO" );
else
   printf( "\n   SUSPENDIDO" );
```

18. Número par o impar

EJERCICIO RESUELTO

Escribir en lenguaje C un programa que:

1º) Pida por teclado un número (dato entero).

2º) Muestre por pantalla:

· "ES PAR", en el caso de que el número sea divisible entre 2.

· "ES IMPAR", en el caso de que el número no sea divisible entre 2.

En pantalla se verá, por ejemplo:

```
Introduzca un número entero: 35
ES IMPAR
```

Solución: utilizando la instrucción `if`

```
/* Programa: Número par o impar */

#include <conio.h>
#include <stdio.h>

int main()
{
   int numero;

   printf( "\n   Introduzca un n%cmero entero: ", 163 );
   scanf( "%d", &numero );

   if ( numero % 2 == 0 )
      printf( "\n   ES PAR" );
   else
      printf( "\n   ES IMPAR" );

   getch(); /* Pausa */

   return 0;
}
```

El operador módulo (`%`) realiza la división entera entre dos operandos numéricos enteros, devolviendo el resto de la misma. De modo que, la expresión **`numero % 2 == 0`** es verdadera cuando **`numero`** es un número par.

En la condición del **`if`**, el operador relacional *igual que* (**`==`**) permite realizar la comparación entre el resultado que se obtiene de **`numero % 2`** y **`0`**.

19. Año bisiesto o no

EJERCICIO RESUELTO

Escribir en lenguaje C un programa que:

1º) Pida por teclado un año (dato entero).

2º) Muestre por pantalla:

· "ES BISIESTO", en el caso de que el año sea bisiesto.

· "NO ES BISIESTO", en el caso de que el año no sea bisiesto.

Nota: son bisiestos todos los años múltiplos de 4, excepto aquellos que son múltiplos de 100 pero no de 400. Por ejemplo, años múltiplos de 4 son:

4, 8, 20, 100, 200, 400, 1000, 2000, 2100, 2800...

De ellos, años múltiplos de 100 pero no de 400 son:

100, 200, 1000, 2100...

Así que, de los años enumerados, bisiestos son:

4, 8, 20, 400, 2000, 2800...

En pantalla se verá, por ejemplo:

```
Introduzca un año: 2020

ES BISIESTO
```

Solución: utilizando la instrucción `if`

```
/* Programa: Año bisiesto o no */

#include <conio.h>
#include <stdio.h>

int main()
{
   int anio;

   printf( "\n   Introduzca un a%co: ", 164 );
   scanf( "%d", &anio );

   if ( anio % 4 == 0 && anio % 100 != 0 ||
        anio % 400 == 0 )
      printf( "\n   ES BISIESTO" );
   else
      printf( "\n   NO ES BISIESTO" );

   getch(); /* Pausa */

   return 0;
}
```

En lenguaje C, no se puede utilizar el carácter (ñ) para nombrar una variable, es por ello que en vez de **año** se ha declarado **`anio`**.

164 es el número que corresponde al carácter (ñ) en ASCII.

En la condición del **`if`**, además del operador relacional *igual que* (**==**) también se ha utilizado el operador relacional *distinto que* (**`!=`**). Por otra parte, se han utilizado los operadores lógicos *y* (**`&&`**) y *o* (**`||`**).

20. Letra vocal

EJERCICIO RESUELTO

Escribir en lenguaje C un programa que:

1º) Pida por teclado una letra (dato carácter) del abecedario.

2º) Muestre por pantalla:

· "ES UNA VOCAL", cuando la letra introducida sea una vocal minúscula (a, e, i, o, u) o una vocal mayúscula (A, E, I, O, U).

· "NO ES UNA VOCAL", cuando la letra introducida no sea una vocal minúscula (a, e, i, o, u) ni una vocal mayúscula (A, E, I, O, U).

En pantalla se verá, por ejemplo:

```
Introduzca una letra: T

NO ES UNA VOCAL
```

Solución: utilizando la instrucción `if`

```
/* Programa: Letra vocal */

#include <conio.h>
#include <stdio.h>

int main()
{
   char letra;

   printf( "\n   Introduzca una letra: " );
   scanf( "%c", &letra );

   if ( letra == 'a' || letra == 'A' ||
        letra == 'e' || letra == 'E' ||
        letra == 'i' || letra == 'I' ||
        letra == 'o' || letra == 'O' ||
        letra == 'a' || letra == 'U' )
      printf( "\n   ES UNA VOCAL" );
   else
      printf( "\n   NO ES UNA VOCAL" );

   getch(); /* Pausa */

   return 0;
}
```

En la función **`scanf`**, puesto que la variable **`letra`** es de tipo carácter (**`char`**), se tiene que escribir el especificador de formato asociado a la entrada de un carácter (**`%c`**).

21. Número múltiplo de 3

EJERCICIO RESUELTO

Escribir en lenguaje C un programa que:

1º) Pida por teclado un número (dato entero).

2º) Muestre por pantalla:

· "ES MÚLTIPLO DE 3", en el caso de que el número sea divisible entre 3.

· "NO ES MÚLTIPLO DE 3", en el caso de que el número no sea divisible entre 3.

En pantalla:

```
Introduzca un número entero: 35
NO ES MÚLTIPLO DE 3
```

Solución: utilizando la instrucción `if`

```
/* Programa: Número múltiplo de 3 */

#include <conio.h>
#include <stdio.h>

int main()
{
   int numero;

   printf( "\n   Introduzca un n%cmero entero: ", 163 );
   scanf( "%d", &numero );

   if ( numero % 3 == 0 )
      printf( "\n   ES M%cLTIPLO DE 3", 233 );
   else
      printf( "\n   NO ES M%cLTIPLO DE 3", 233 );

   getch(); /* Pausa */

   return 0;
}
```

22. ¿Cuánto suman dos números?

EJERCICIO RESUELTO

Escribir en lenguaje C un programa que:

1º) Pida por teclado dos números (datos enteros).

2º) Pregunte al usuario cuánto es la suma de ambos números.

3º) Muestre por pantalla:

· `"CORRECTO"`, en el caso de que el usuario conteste correctamente.

· `"INCORRECTO: La suma es <suma>"`, en el caso de que el usuario conteste incorrectamente.

En pantalla:

```
Introduzca un número entero: 49

Introduzca otro número entero: 25

¿Cuánto suman?: 74

CORRECTO
```

Solución 1: utilizando cuatro variables

```
/* Programa: ¿Cuánto suman dos números? (Solución 1) */

#include <conio.h>
#include <stdio.h>

int main()
{
   int n1, n2, resultado, suma;

   printf( "\n   Introduzca un n%cmero entero: ", 163 );

   scanf( "%d", &n1 );

   printf( "\n   Introduzca otro n%cmero entero: ", 163 );

   scanf( "%d", &n2 );

   printf( "\n   %cCu%cnto suman?: ", 168, 160 );

   scanf( "%d", &suma );

   resultado = n1 + n2;

   if ( suma == resultado )
      printf( "\n   CORRECTO" );
   else
      printf( "\n   INCORRECTO: La suma es %d",
              resultado );

   getch(); /* Pausa */

   return 0;
}
```

Solución 2: utilizando tres variables

```
/* Programa: ¿Cuánto suman dos números? (Solución 2) */

#include <conio.h>
#include <stdio.h>

int main()
{
   int n1, n2, suma;

   printf( "\n   Introduzca un n%cmero entero: ", 163 );

   scanf( "%d", &n1 );

   printf( "\n   Introduzca otro n%cmero entero: ", 163 );

   scanf( "%d", &n2 );

   printf( "\n   %cCu%cnto suman?: ", 168, 160 );

   scanf( "%d", &suma );

   if ( suma == n1 + n2 )
      printf( "\n   CORRECTO" );
   else
      printf( "\n   INCORRECTO: La suma es %d",
              n1 + n2 );

   getch(); /* Pausa */

   return 0;
}
```

23. Validar hora

EJERCICIO RESUELTO

Escribir en lenguaje C un programa que:

1º) Pida por teclado una hora en tres variables: horas, minutos y segundos (datos enteros).

2º) Muestre por pantalla:

· `"HORA CORRECTA"`, en el caso de que la hora sea válida.

· `"HORA INCORRECTA"`, en el caso de que la hora no sea válida.

Nota: para que una hora sea válida, se tiene que cumplir que:

· Las horas deben ser mayor o igual que 0 y menor o igual que 23.

· Los minutos deben ser mayor o igual que 0 y menor o igual que 59.

· Los segundos deben ser mayor o igual que 0 y menor o igual que 59.

En pantalla:

```
Introduzca horas: 14

Introduzca minutos: 33

Introduzca segundos: 35

HORA CORRECTA
```

Solución

```
/* Programa: Validar hora */

#include <conio.h>
#include <stdio.h>

int main()
{
   int h, m, s;

   printf( "\n   Introduzca horas: " );

   scanf( "%d", &h );

   printf( "\n   Introduzca minutos: " );

   scanf( "%d", &m );

   printf( "\n   Introduzca segundos: " );

   scanf( "%d", &s );

   if ( h >= 0 && h <= 23 && m >= 0 && m <= 59 &&
        s >= 0 && s <= 59 )
      printf( "\n   HORA CORRECTA" );
   else
      printf( "\n   HORA INCORRECTA" );

   getch(); /* Pausa */

   return 0;
}
```

TERCERA PARTE
Instrucción **switch**.
Anidamiento de **switch** en **if**.
Función **strcpy**.

24. Día de la semana

EJEMPLO

Si en lenguaje C se quiere escribir un programa que:

1º) Pida por teclado el número (dato entero) de un día de la semana.

2º) Muestre por pantalla el nombre (dato cadena) correspondiente a dicho día.

Nota: si el número de día introducido es menor que 1 o mayor que 7, se mostrará el mensaje: `"ERROR: Día incorrecto."`.

Por pantalla se verá, por ejemplo:

```
Introduzca día de la semana: 1

Lunes
```

Si el día es incorrecto, en pantalla se podrá ver:

```
Introduzca día de la semana: 10

ERROR: Día incorrecto.
```

Solución 1: utilizando la instrucción switch

Para resolver este problema, en lenguaje C se puede escribir:

```
/* Programa: Día de la semana (Solución 1) */

#include <conio.h>
#include <stdio.h>

int main()
{
    int dia;

    printf( "\n   Introduzca d%ca de la semana: ", 161 );
    scanf( "%d", &dia );

    switch ( dia )
    {
        case 1 : printf( "\n   Lunes" );
                 break;
        case 2 : printf( "\n   Martes" );
                 break;
        case 3 : printf( "\n   Mi%crcoles", 130 );
                 break;
        case 4 : printf( "\n   Jueves" );
                 break;
        case 5 : printf( "\n   Viernes" );
                 break;
        case 6 : printf( "\n   S%cbado", 160 );
                 break;
        case 7 : printf( "\n   Domingo" );
                 break;
       default : printf( "\n   ERROR: D%ca incorrecto.",
                 161 );
    }

    getch(); /* Pausa */

    return 0;
}
```

En el código fuente, se ha utilizado una instrucción alternativa múltiple (**switch**) que permite seleccionar, por medio de una expresión (**dia**, en este caso), el siguiente bloque de instrucciones a ejecutar, de entre varios posibles.

Obsérvese que, en función del valor de la variable **dia**, se ejecutará un bloque de instrucciones u otro.

Fíjese también que la instrucción **break** se ha escrito al final de cada bloque de instrucciones; excepto después del último. Pero, ¿qué ocurriría si esto no fuese así? Se invita al lector a comprobarlo.

Solución 2: anidando switch en if

Por otra parte, el problema también se puede resolver anidando la instrucción **switch** dentro de un **if**:

```
/* Programa: Día de la semana (Solución 2) */

#include <conio.h>
#include <stdio.h>

int main()
{
   int dia;

   printf( "\n   Introduzca d%ca de la semana: ", 161 );
   scanf( "%d", &dia );

   if ( dia >= 1 && dia <= 7 )

      /* Solo si el día es válido,
         se ejecuta la instrucción switch */

      /* Inicio del anidamiento */
      switch ( dia )
      {
         case 1 : printf( "\n   Lunes" );
```

```
                  break;
         case 2 : printf( "\n   Martes" );
                  break;
         case 3 : printf( "\n   Mi%crcoles", 130 );
                  break;
         case 4 : printf( "\n   Jueves" );
                  break;
         case 5 : printf( "\n   Viernes" );
                  break;
         case 6 : printf( "\n   S%cbado", 160 );
                  break;
         case 7 : printf( "\n   Domingo" );
      }
      /* Fin del anidamiento */

   else
      printf( "\n   ERROR: D%ca incorrecto.", 161 );

   getch(); /* Pausa */

   return 0;
}
```

25. Signo del zodíaco

EJEMPLO

Sabiendo que las categorías a las que pertenecen los signos del zodíaco son:

Signo (Categoría)

1. Aries (Fuego)
2. Tauro (Tierra)
3. Géminis (Aire)
4. Cáncer (Agua)
5. Leo (Fuego)
6. Virgo (Tierra)
7. Libra (Aire)
8. Escorpio (Agua)
9. Sagitario (Fuego)
10. Capricornio (Tierra)
11. Acuario (Aire)
12. Piscis (Agua)

Si en lenguaje C se quiere escribir un programa que:

1º) Muestre un listado de los signos del zodíaco, con sus números asociados.

2º) Pida por teclado un número (dato entero) asociado a un signo del zodíaco.

3º) Muestre la categoría a la que pertenece el signo del zodíaco seleccionado.

Nota: si el número introducido por el usuario, no está asociado a ningún signo del zodíaco, se mostrará el mensaje: "ERROR: <número> no está asociado a ningún signo.".

En la pantalla se verá, por ejemplo:

```
Listado de signos del zodíaco:

1. Aries
2. Tauro
3. Géminis
4. Cáncer
5. Leo
6. Virgo
7. Libra
8. Escorpio
9. Sagitario
10. Capricornio
11. Acuario
12. Piscis

Introduzca número de signo: 9

Es un signo de Fuego.
```

Al introducir un número no asociado a ningún signo, por ejemplo el 35, se verá:

```
Listado de signos del zodíaco:

1. Aries
2. Tauro
3. Géminis
4. Cáncer
5. Leo
6. Virgo
7. Libra
8. Escorpio
9. Sagitario
10. Capricornio
11. Acuario
12. Piscis

Introduzca número de signo: 35

ERROR: 35 no está asociado a ningún signo.
```

Solución 1: utilizando la instrucción `switch`

```
/* Programa: Signo del zodíaco (Solución 1) */

#include <conio.h>
#include <stdio.h>

int main()
{
   int numero;

   printf( "\n   Listado de signos del zod%caco:", 161 );
   printf( "\n\n   1. Aries" );
   printf( "\n   2. Tauro" );
   printf( "\n   3. G%cminis", 130 );
   printf( "\n   4. C%cncer", 160 );
   printf( "\n   5. Leo" );
   printf( "\n   6. Virgo" );
   printf( "\n   7. Libra" );
   printf( "\n   8. Escorpio" );
   printf( "\n   9. Sagitario" );
   printf( "\n   10. Capricornio" );
   printf( "\n   11. Acuario" );
   printf( "\n   12. Piscis" );
   printf( "\n\n   Introduzca n%cmero de signo: ", 163 );

   scanf( "%d", &numero );

   switch ( numero )
   {
      case  1 :
      case  5 :
      case  9 : printf( "\n   Es un signo de Fuego." );
                break;
      case  2 :
      case  6 :
      case 10 : printf( "\n   Es un signo de Tierra." );
                break;
      case  3 :
      case  7 :
      case 11 : printf( "\n   Es un signo de Aire." );
```

```
                break;
        case  4 :
        case  8 :
        case 12 : printf( "\n   Es un signo de Agua." );
                break;
        default : printf( "\n   ERROR: %d no est%c asociado
a ning%cn signo.", numero, 160, 163 );
    }

    getch(); /* Pausa */

    return 0;
}
```

Solución 2: utilizando las instrucciones `switch` e `if`

```
/* Programa: Signo del zodíaco (Solución 2) */

#include <conio.h>
#include <stdio.h>
#include <string.h>

int main()
{
    int numero;
    char categoria[7];

    printf( "\n   Listado de signos del zod%caco:", 161 );
    printf( "\n\n   1. Aries" );
    printf( "\n   2. Tauro" );
    printf( "\n   3. G%cminis", 130 );
    printf( "\n   4. C%cncer", 160 );
    printf( "\n   5. Leo" );
    printf( "\n   6. Virgo" );
    printf( "\n   7. Libra" );
    printf( "\n   8. Escorpio" );
    printf( "\n   9. Sagitario" );
    printf( "\n   10. Capricornio" );
    printf( "\n   11. Acuario" );
    printf( "\n   12. Piscis" );
```

```
    printf( "\n\n   Introduzca n%cmero de signo: ", 163 );

    scanf( "%d", &numero );

    switch ( numero % 4 )
    {
       case  1 : strcpy( categoria, "Fuego" );
                 break;
       case  2 : strcpy( categoria, "Tierra" );
                 break;
       case  3 : strcpy( categoria, "Aire" );
                 break;
       case  0 : strcpy( categoria, "Agua" );
    }

    if ( numero >= 1 && numero <= 12 )
       printf( "\n   Es un signo de %s.", categoria );
    else
       printf( "\n   ERROR: %d no est%c asociado a ning%cn
signo.", numero, 160, 163 );

    getch(); /* Pausa */

    return 0;
}
```

Con respecto a la solución anterior, existen la siguientes diferencias:

· En el programa se utiliza una instrucción **`if`**, además de un **`switch`**.
· En el **`switch`** no se ha escrito la opción **`default`**.
· La expresión del **`switch`** es diferente.
· La expresión **`"Es un signo de "`** solo se escribe una vez.
· Se ha utilizado una variable más: **`categoria`**
· Se ha utilizado función **`strcpy`**, la cual permite asignar una expresión de cadena a un array de caracteres.

La declaración de la función **`strcpy`** se encuentra en el archivo de cabecera **`string.h`**. Por tanto, para poder usar dicha función, en el código se ha escrito **`#include <string.h>`**.

Solución 3: anidando switch en if

```
/* Programa: Signo del zodíaco (Solución 3) */

#include <conio.h>
#include <stdio.h>
#include <string.h>

int main()
{
   int numero;
   char categoria[7];

   printf( "\n   Listado de signos del zod%caco:", 161 );
   printf( "\n\n   1. Aries" );
   printf( "\n   2. Tauro" );
   printf( "\n   3. G%cminis", 130 );
   printf( "\n   4. C%cncer", 160 );
   printf( "\n   5. Leo" );
   printf( "\n   6. Virgo" );
   printf( "\n   7. Libra" );
   printf( "\n   8. Escorpio" );
   printf( "\n   9. Sagitario" );
   printf( "\n   10. Capricornio" );
   printf( "\n   11. Acuario" );
   printf( "\n   12. Piscis" );
   printf( "\n\n   Introduzca n%cmero de signo: ", 163 );

   scanf( "%d", &numero );

   if ( numero >= 1 && numero <= 12 )
   {
      switch ( numero % 4 )
      {
         case  1 : strcpy( categoria, "Fuego" );
                   break;
         case  2 : strcpy( categoria, "Tierra" );
                   break;
         case  3 : strcpy( categoria, "Aire" );
                   break;
         case  0 : strcpy( categoria, "Agua" );
```

```
        }
        printf( "\n   Es un signo de %s.", categoria );
    }
    else
        printf( "\n   ERROR: %d no est%c asociado a ning%cn
signo.", numero, 160, 163 );

    getch(); /* Pausa */

    return 0;
}
```

26. Mes del año

EJERCICIO RESUELTO

Escribir en lenguaje C un programa que:

1º) Pida por teclado el número (dato entero) de un mes del año.

2º) Muestre por pantalla el nombre (dato cadena) correspondiente a dicho mes.

Nota: si el número de mes introducido es menor que 1 o mayor que 12, se mostrará el mensaje: `"ERROR: Mes incorrecto."`.

En pantalla se verá, por ejemplo:

```
Introduzca mes del año: 9

Septiembre
```

En el caso de que el mes no sea correcto:

```
Introduzca mes del año: 35

ERROR: Mes incorrecto.
```

Solución 1: utilizando la instrucción `switch`

```
/* Programa: Mes del año (Solución 1) */

#include <conio.h>
#include <stdio.h>

int main()
{
   int mes;

   printf( "\n   Introduzca mes del a%co: ", 164 );
   scanf( "%d", &mes );

   switch ( mes )
   {
      case  1 : printf( "\n   Enero" );
                break;
      case  2 : printf( "\n   Febrero" );
                break;
      case  3 : printf( "\n   Marzo" );
                break;
      case  4 : printf( "\n   Abril" );
                break;
      case  5 : printf( "\n   Mayo" );
                break;
      case  6 : printf( "\n   Junio" );
                break;
      case  7 : printf( "\n   Julio" );
                break;
      case  8 : printf( "\n   Agosto" );
                break;
      case  9 : printf( "\n   Septiembre" );
                break;
      case 10 : printf( "\n   Octubre" );
                break;
      case 11 : printf( "\n   Noviembre" );
                break;
      case 12 : printf( "\n   Diciembre" );
                break;
      default : printf( "\n   ERROR: Mes incorrecto." );
```

```
    }

     getch(); /* Pausa */

    return 0;
}
```

Solución 2: utilizando las instrucciones `switch` e `if`

```
/* Programa: Mes del año (Solución 2) */

#include <conio.h>
#include <stdio.h>
#include <string.h>

int main()
{
   char nombre[11];
   int mes;

   printf( "\n   Introduzca mes del a%co: ", 164 );
   scanf( "%d", &mes );

   switch ( mes )
   {
      case  1 : strcpy( nombre, "Enero" );
                break;
      case  2 : strcpy( nombre, "Febrero" );
                break;
      case  3 : strcpy( nombre, "Marzo" );
                break;
      case  4 : strcpy( nombre, "Abril" );
                break;
      case  5 : strcpy( nombre, "Mayo" );
                break;
      case  6 : strcpy( nombre, "Junio" );
                break;
      case  7 : strcpy( nombre, "Julio" );
                break;
      case  8 : strcpy( nombre, "Agosto" );
```

```
                 break;
      case  9 : strcpy( nombre, "Septiembre" );
                 break;
      case 10 : strcpy( nombre, "Octubre" );
                 break;
      case 11 : strcpy( nombre, "Noviembre" );
                 break;
      case 12 : strcpy( nombre, "Diciembre" );
   }

   if ( mes >= 1 && mes <= 12 )
      printf( "\n   %s", nombre );
   else
      printf( "\n   ERROR: Mes incorrecto." );

   getch(); /* Pausa */

   return 0;
}
```

Solución 3: anidando switch en if

```
/* Programa: Mes del año (Solución 3) */

#include <conio.h>
#include <stdio.h>
#include <string.h>

int main()
{
   char nombre[11];
   int mes;

   printf( "\n   Introduzca mes del a%co: ", 164 );
   scanf( "%d", &mes );

   if ( mes >= 1 && mes <= 12 )
   {
      switch ( mes )
      {
```

```
        case  1 : strcpy( nombre, "Enero" );
                  break;
        case  2 : strcpy( nombre, "Febrero" );
                  break;
        case  3 : strcpy( nombre, "Marzo" );
                  break;
        case  4 : strcpy( nombre, "Abril" );
                  break;
        case  5 : strcpy( nombre, "Mayo" );
                  break;
        case  6 : strcpy( nombre, "Junio" );
                  break;
        case  7 : strcpy( nombre, "Julio" );
                  break;
        case  8 : strcpy( nombre, "Agosto" );
                  break;
        case  9 : strcpy( nombre, "Septiembre" );
                  break;
        case 10 : strcpy( nombre, "Octubre" );
                  break;
        case 11 : strcpy( nombre, "Noviembre" );
                  break;
        case 12 : strcpy( nombre, "Diciembre" );
      }
      printf( "\n   %s", nombre );
   }
   else
      printf( "\n   ERROR: Mes incorrecto." );

   getch(); /* Pausa */

   return 0;
}
```

27. Distancia de un planeta al Sol

EJERCICIO RESUELTO

Sabiendo que las distancias medias (en millones de kilómetros) de los planetas del sistema solar al Sol son:

Planeta (Distancia media al Sol)

1. Mercurio (59)
2. Venus (108)
3. Tierra (150)
4. Marte (228)
5. Júpiter (750)
6. Saturno (1431)
7. Urano (2877)
8. Neptuno (4509)
9. Plutón (5916)

Si en lenguaje C se quiere escribir un programa que:

1º) Muestre el listado de los planetas (con sus números asociados).

2º) Pida por teclado el número (dato entero) asociado a un planeta.

3º) Muestre la distancia media al Sol a la que se encuentra el planeta seleccionado.

Nota: si el número introducido por el usuario, no está asociado a ningún planeta, se mostrará el mensaje: `"ERROR: <número> no está asociado a ningún planeta."`.

En pantalla se verá, por ejemplo:

```
Listado de planetas:

1. Mercurio
2. Venus
3. Tierra
4. Marte
5. Júpiter
6. Saturno
7. Urano
8. Neptuno
9. Plutón

Introduzca número de planeta: 4

Marte está a 228
```

Al introducir un número no asociado a ningún planeta, se verá:

```
Listado de planetas:

1. Mercurio
2. Venus
3. Tierra
4. Marte
5. Júpiter
6. Saturno
7. Urano
8. Neptuno
9. Plutón

Introduzca número de planeta: 10

ERROR: 10 no está asociado a ningún planeta.
```

Solución 1: utilizando la instrucción switch

```
/* Programa: Distancia de un planeta al Sol (Solución 1)
*/

#include <conio.h>
#include <stdio.h>

int main()
{
   int numero;

   printf( "\n   Listado de planetas:" );
   printf( "\n\n   1. Mercurio" );
   printf( "\n   2. Venus" );
   printf( "\n   3. Tierra" );
   printf( "\n   4. Marte" );
   printf( "\n   5. J%cpiter", 163 );
   printf( "\n   6. Saturno" );
   printf( "\n   7. Urano" );
   printf( "\n   8. Neptuno" );
   printf( "\n   9. Plut%cn", 162 );
   printf( "\n\n   Introduzca n%cmero de planeta: ",
           163 );

   scanf( "%d", &numero );

   switch ( numero )
   {
       case 1 : printf( "\n   Mercurio est%c a 59",
                        160 );
                break;
       case 2 : printf( "\n   Venus est%c a 108", 160 );
                break;
       case 3 : printf( "\n   Tierra est%c a 150", 160 );
                break;
       case 4 : printf( "\n   Marte est%c a 228", 160 );
                break;
       case 5 : printf( "\n   J%cpiter est%c a 750",
                        163, 160 );
                break;
```

```
        case 6 : printf( "\n   Saturno est%c a 1431",
                          160 );
                 break;
        case 7 : printf( "\n   Urano est%c a 2877", 160 );
                 break;
        case 8 : printf( "\n   Neptuno est%c a 4509",
                          160 );
                 break;
        case 9 : printf( "\n   Plut%cn est%c a 5916",
                          162, 160 );
                 break;
       default : printf( "\n   ERROR: %d no est%c asociado
a ning%cn planeta.", numero, 160, 163 );
    }

    getch(); /* Pausa */

    return 0;
}
```

Solución 2: utilizando las instrucciones `switch` e `if`

```
/* Programa: Distancia de un planeta al Sol (Solución 2)
*/

#include <conio.h>
#include <stdio.h>
#include <string.h>

int main()
{
   char planeta[9];
   int distancia, numero;

   printf( "\n   Listado de planetas:" );
   printf( "\n\n   1. Mercurio" );
   printf( "\n   2. Venus" );
   printf( "\n   3. Tierra" );
   printf( "\n   4. Marte" );
   printf( "\n   5. J%cpiter", 163 );
   printf( "\n   6. Saturno" );
   printf( "\n   7. Urano" );
   printf( "\n   8. Neptuno" );
   printf( "\n   9. Plut%cn", 162 );
   printf( "\n\n   Introduzca n%cmero de planeta: ",
           163 );

   scanf( "%d", &numero );

   switch ( numero )
   {
      case 1 : strcpy( planeta, "Mercurio" );
               distancia = 59;
               break;
      case 2 : strcpy( planeta, "Venus" );
               distancia = 108;
               break;
      case 3 : strcpy( planeta, "Tierra" );
               distancia = 150;
               break;
      case 4 : strcpy( planeta, "Marte" );
```

```
                    distancia = 228;
                    break;
        case 5 : strcpy( planeta, "J\xA3piter" );
                    distancia = 750;
                    break;
        case 6 : strcpy( planeta, "Saturno" );
                    distancia = 1431;
                    break;
        case 7 : strcpy( planeta, "Urano" );
                    distancia = 2877;
                    break;
        case 8 : strcpy( planeta, "Neptuno" );
                    distancia = 4509;
                    break;
        case 9 : strcpy( planeta, "Plut\xA2n" );
                    distancia = 5916;
    }

    if ( numero >= 1 && numero <= 9 )
        printf( "\n   %s est%c a %d",
                  planeta, 160, distancia );
    else
        printf( "\n   ERROR: %d no est%c asociado a ning%cn
planeta.", numero, 160, 163 );

    getch(); /* Pausa */

    return 0;
}
```

Los caracteres (**\xA2**) y **(\xA3**) se han utilizado, respectivamente, para mostrar los caracteres (ó) y (ú) del ASCII. Obsérvese que, **A2** y **A3** son los números en hexadecimal que corresponden a los números 162 y 163 en el sistema decimal.

Solución 3: anidando switch en if

```
/* Programa: Distancia de un planeta al Sol (Solución 3)
*/

#include <conio.h>
#include <stdio.h>
#include <string.h>

int main()
{
   char planeta[9];
   int distancia, numero;

   printf( "\n   Listado de planetas:" );
   printf( "\n\n   1. Mercurio" );
   printf( "\n   2. Venus" );
   printf( "\n   3. Tierra" );
   printf( "\n   4. Marte" );
   printf( "\n   5. J%cpiter", 163 );
   printf( "\n   6. Saturno" );
   printf( "\n   7. Urano" );
   printf( "\n   8. Neptuno" );
   printf( "\n   9. Plut%cn", 162 );
   printf( "\n\n   Introduzca n%cmero de planeta: ",
           163 );

   scanf( "%d", &numero );

   if ( numero >= 1 && numero <= 9 )
   {
      switch ( numero )
      {
         case 1 : strcpy( planeta, "Mercurio" );
                  distancia = 59;
                  break;
         case 2 : strcpy( planeta, "Venus" );
                  distancia = 108;
                  break;
         case 3 : strcpy( planeta, "Tierra" );
                  distancia = 150;
```

```
                 break;
        case 4 : strcpy( planeta, "Marte" );
                 distancia = 228;
                 break;
        case 5 : strcpy( planeta, "J\xA3piter" );
                 distancia = 750;
                 break;
        case 6 : strcpy( planeta, "Saturno" );
                 distancia = 1431;
                 break;
        case 7 : strcpy( planeta, "Urano" );
                 distancia = 2877;
                 break;
        case 8 : strcpy( planeta, "Neptuno" );
                 distancia = 4509;
                 break;
        case 9 : strcpy( planeta, "Plut\xA2n" );
                 distancia = 5916;
     }
     printf( "\n   %s est%c a %d",
             planeta, 160, distancia );
  }
  else
     printf( "\n   ERROR: %d no est%c asociado a ning%cn
planeta.", numero, 160, 163 );

  getch(); /* Pausa */

  return 0;
}
```

28. De vocal minúscula a mayúscula

EJERCICIO RESUELTO

Escribir en lenguaje C un programa que:

1º) Pida por teclado una vocal en minúscula (dato carácter).

2º) Muestre por pantalla la misma vocal pero en mayúscula.

Nota: si el dato introducido no es una vocal en minúscula, se mostrará el mensaje: "`ERROR: '<vocal>' no es una vocal minúscula.`".

En pantalla se verá, por ejemplo:

```
Introduzca una vocal minúscula: e

E
```

Si no se introduce una vocal minúscula, se verá:

```
Introduzca una vocal minúscula: T

ERROR: 'T' no es una vocal minúscula.
```

Solución 1: utilizando la instrucción `switch`

```
/* Programa: De vocal minúscula a mayúscula (Solución 1)
*/

#include <conio.h>
#include <stdio.h>

int main()
{
   char vocal;

   printf( "\n   Introduzca una vocal min%cscula: ",
           163 );

   scanf( "%c", &vocal );

   switch ( vocal )
   {
      case 'a' : printf( "\n   A" );
                 break;
      case 'e' : printf( "\n   E" );
                 break;
      case 'i' : printf( "\n   I" );
                 break;
      case 'o' : printf( "\n   O" );
                 break;
      case 'u' : printf( "\n   U" );
                 break;
       default : printf( "\n   ERROR: '%c' no es una
vocal min%cscula.", vocal, 163 );
   }

   getch(); /* Pausa */

   return 0;
}
```

Solución 2: utilizando las instrucciones `switch` e `if`

```
/* Programa: De vocal minúscula a mayúscula (Solución 2)
*/

#include <conio.h>
#include <stdio.h>

int main()
{
   char  mayuscula, vocal;

   printf( "\n   Introduzca una vocal min%cscula: ",
           163 );

   scanf( "%c", &vocal );

   switch ( vocal )
   {
      case 'a' : mayuscula = 'A';
                 break;
      case 'e' : mayuscula = 'E';
                 break;
      case 'i' : mayuscula = 'I';
                 break;
      case 'o' : mayuscula = 'O';
                 break;
      case 'u' : mayuscula = 'U';
   }

   if ( vocal == 'a' || vocal == 'e' || vocal == 'i' ||
        vocal == 'o' || vocal == 'u' )
      printf( "\n   %c", mayuscula );
   else
      printf( "\n   ERROR: '%c' no es una vocal
min%cscula.", vocal, 163 );

   getch(); /* Pausa */

   return 0;
}
```

Solución 3: anidando `switch` en `if`

```
/* Programa: De vocal minúscula a mayúscula (Solución 3)
*/

#include <conio.h>
#include <stdio.h>

int main()
{
   char mayuscula, vocal;

   printf( "\n   Introduzca una vocal min%cscula: ",
           163 );

   scanf( "%c", &vocal );

   if ( vocal == 'a' || vocal == 'e' || vocal == 'i' ||
        vocal == 'o' || vocal == 'u' )
   {
      switch ( vocal )
      {
         case 'a' : mayuscula = 'A';
                    break;
         case 'e' : mayuscula = 'E';
                    break;
         case 'i' : mayuscula = 'I';
                    break;
         case 'o' : mayuscula = 'O';
                    break;
         case 'u' : mayuscula = 'U';
      }
      printf( "\n   %c", mayuscula );
   }
   else
      printf( "\n   ERROR: '%c' no es una vocal
min%cscula.", vocal, 163 );

   getch(); /* Pausa */
   return 0;
}
```

29. Color de un semáforo

EJERCICIO RESUELTO

A continuación, se muestran los posibles colores en los que puede estar un semáforo, y sus significados asociados:

Color (Significado)

1. Rojo (No pasar)
2. Verde (Adelante)
3. Amarillo (Precaución)

Escribir en lenguaje C un programa que:

1º) Muestre el listado de los posibles colores en los que puede estar un semáforo, con sus números asociados.

2º) Pida por teclado el número (dato entero) asociado a un color.

3º) Muestre el significado del color seleccionado.

Nota: si el número introducido por el usuario, no está asociado a ningún color, se mostrará el mensaje: `"ERROR: <número> no está asociado a ningún color."`.

En pantalla se mostrará, por ejemplo:

```
Listado de colores de un semáforo:

1. Rojo
2. Verde
3. Amarillo

Introduzca número de color: 3

Amarillo significa: "Precaución"
```

Al introducir un número no asociado a ningún color, se podrá ver:

```
Listado de colores de un semáforo:

1. Rojo
2. Verde
3. Amarillo

Introduzca número de color: 10

ERROR: 10 no está asociado a ningún color.
```

Solución 1: utilizando la instrucción switch

```
/* Programa: Color de un semáforo (Solución 1) */

#include <conio.h>
#include <stdio.h>

int main()
{
   int numero;

   printf( "\n   Listado de colores de un sem%cforo:",
           160 );
   printf( "\n\n   1. Rojo" );
   printf( "\n   2. Verde" );
   printf( "\n   3. Amarillo" );
   printf( "\n\n   Introduzca n%cmero de color: ", 163 );

   scanf( "%d", &numero );

   switch ( numero )
   {
    case 1 :
      printf( "\n   Rojo significa: \"No pasar\"" );
      break;
    case 2 :
      printf( "\n   Verde significa: \"Adelante\"" );
      break;
    case 3 :
      printf( "\n   Amarillo significa: \"Precauci%cn\"",
              162 );
      break;
   default :
      printf( "\n   ERROR: %d no est%c asociado a ning%cn
color.", numero, 160, 163 );
   }

   getch(); /* Pausa */

   return 0;
}
```

Solución 2: utilizando las instrucciones `switch` e `if`

```
/* Programa: Color de un semáforo (Solución 2) */

#include <conio.h>
#include <stdio.h>
#include <string.h>

int main()
{
   char color[9], significado[11];
   int numero;

   printf( "\n   Listado de colores de un sem%cforo:",
           160 );
   printf( "\n\n   1. Rojo" );
   printf( "\n   2. Verde" );
   printf( "\n   3. Amarillo" );
   printf( "\n\n   Introduzca n%cmero de color: ", 163 );

   scanf( "%d", &numero );

   switch ( numero )
   {
      case 1 : strcpy( color, "Rojo" );
               strcpy( significado, "No pasar" );
               break;
      case 2 : strcpy( color, "Verde" );
               strcpy( significado, "Adelante" );
               break;
      case 3 : strcpy( color, "Amarillo" );
               strcpy( significado, "Precauci\xA2n" );
   }

   if ( numero >= 1 && numero <= 3 )
      printf( "\n   %s significa: \"%s\"",
              color, significado );
   else
      printf( "\n   ERROR: %d no est%c asociado a ning%cn
color.", numero, 160, 163 );
```

```
    getch(); /* Pausa */

    return 0;
}
```

El carácter (**\xA2**) se ha utilizado para mostrar el carácter con tilde (ó) del ASCII. Fíjese que, **A2** es el número en hexadecimal que corresponde al número 162 en el sistema decimal.

Solución 3: anidando `switch` en `if`

```
/* Programa: Color de un semáforo (Solución 3) */

#include <conio.h>
#include <stdio.h>
#include <string.h>

int main()
{
    char color[9], significado[11];
    int numero;

    printf( "\n   Listado de colores de un sem%cforo:",
            160 );
    printf( "\n\n   1. Rojo" );
    printf( "\n   2. Verde" );
    printf( "\n   3. Amarillo" );
    printf( "\n\n   Introduzca n%cmero de color: ", 163 );

    scanf( "%d", &numero );

    if ( numero >= 1 && numero <= 3 )
    {
        switch ( numero )
        {
            case 1 : strcpy( color, "Rojo" );
                     strcpy( significado, "No pasar" );
                     break;
            case 2 : strcpy( color, "Verde" );
```

```
                    strcpy( significado, "Adelante" );
                    break;
            case 3 : strcpy( color, "Amarillo" );
                    strcpy( significado, "Precauci\xA2n" );
        }
        printf( "\n   %s significa: \"%s\"",
                color, significado );
    }
    else
        printf( "\n   ERROR: %d no est%c asociado a ning%cn
color.", numero, 160, 163 );

    getch(); /* Pausa */

    return 0;
}
```

30. De número a letras

EJERCICIO RESUELTO

Escribir en lenguaje C un programa que:

1º) Pida por teclado un número (dato entero) del 1 al 10.

2º) Muestre por pantalla su equivalente en letras (dato cadena).

Nota: si el número introducido es menor que 1 o mayor que 10, se mostrará el mensaje: "`ERROR: El número debe ser >= 1 y <= 10.`".

En pantalla se mostrará, por ejemplo:

```
Introduzca un número entero (1-10): 4

cuatro
```

Si el número introducido es incorrecto, se visualizará el mensaje de error:

```
Introduzca un número entero (1-10): 35

ERROR: El número debe ser >= 1 y <= 10.
```

Solución 1

```
/* Programa: De número a letras (Solución 1) */

#include <conio.h>
#include <stdio.h>

int main()
{
   int numero;

   printf( "\n   Introduzca un n%cmero entero (1-10): ",
           163 );
   scanf( "%d", &numero );

   if ( numero >= 1 && numero <= 10 )
      switch ( numero )
      {
         case  1 : printf( "\n   uno" );
                   break;
         case  2 : printf( "\n   dos" );
                   break;
         case  3 : printf( "\n   tres" );
                   break;
         case  4 : printf( "\n   cuatro" );
                   break;
         case  5 : printf( "\n   cinco" );
                   break;
         case  6 : printf( "\n   seis" );
                   break;
         case  7 : printf( "\n   siete" );
                   break;
         case  8 : printf( "\n   ocho" );
                   break;
         case  9 : printf( "\n   nueve" );
                   break;
         case 10 : printf( "\n   diez" );
      }
   else
      printf( "\n   ERROR: El n%cmero debe ser >= 1 y <=
10.", 163 );
```

```
   getch(); /* Pausa */

   return 0;
}
```

Solución 2

```
/* Programa: De número a letras (Solución 2) */

#include <conio.h>
#include <stdio.h>

int main()
{
   int numero;

   printf( "\n   Introduzca un n%cmero entero (1-10): ",
           163 );
   scanf( "%d", &numero );

   switch ( numero )
   {
      case  1 : printf( "\n   uno" );
                break;
      case  2 : printf( "\n   dos" );
                break;
      case  3 : printf( "\n   tres" );
                break;
      case  4 : printf( "\n   cuatro" );
                break;
      case  5 : printf( "\n   cinco" );
                break;
      case  6 : printf( "\n   seis" );
                break;
      case  7 : printf( "\n   siete" );
                break;
      case  8 : printf( "\n   ocho" );
                break;
      case  9 : printf( "\n   nueve" );
                break;
      case 10 : printf( "\n   diez" );
```

```
                break;
        default : printf( "\n   ERROR: El n%cmero debe ser
>= 1 y <= 10.", 163 );
    }

    getch(); /* Pausa */

    return 0;
}
```

Solución 3

```
/* Programa: De número a letras (Solución 3) */

#include <conio.h>
#include <stdio.h>
#include <string.h>

int main()
{
    int numero;
    char letras[7];

    printf( "\n   Introduzca un n%cmero entero (1-10): ",
            163 );
    scanf( "%d", &numero );

    switch ( numero )
    {
        case  1 : strcpy( letras, "uno" );
                  break;
        case  2 : strcpy( letras, "dos" );
                  break;
        case  3 : strcpy( letras, "tres" );
                  break;
        case  4 : strcpy( letras, "cuatro" );
                  break;
        case  5 : strcpy( letras, "cinco" );
                  break;
        case  6 : strcpy( letras, "seis" );
```

```
                break;
        case  7 : strcpy( letras, "siete" );
                break;
        case  8 : strcpy( letras, "ocho" );
                break;
        case  9 : strcpy( letras, "nueve" );
                break;
        case 10 : strcpy( letras, "diez" );
    }

    if ( numero >= 1 && numero <= 10 )
        printf( "\n   %s", letras );
    else
        printf( "\n   ERROR: El n%cmero debe ser >= 1 y <=
10.", 163 );

    getch(); /* Pausa */

    return 0;
}
```

CUARTA PARTE
Anidamiento de instrucciones `if`.

31. Calificar según nota

EJEMPLO

Si en lenguaje C se quiere escribir un programa que:

1º) Pida por teclado la nota (real) de una asignatura.

2º) Muestre por pantalla:

· `"APTO"`, en el caso de que la nota sea mayor o igual que 5 y menor o igual que 10.

· `"NO APTO"`, en el caso de que la nota sea mayor o igual que 0 y menor que 5.

· `"ERROR: Nota incorrecta."`, en el caso de que la nota sea menor que 0 o mayor que 10.

Viéndose en pantalla, por ejemplo:

```
Introduzca nota (real): 5.3
APTO
```

Al introducir una nota menor que cero o mayor que diez, se verá:

```
Introduzca nota (real): 10.4
ERROR: Nota incorrecta.
```

Varias soluciones: anidando un `if` dentro de otro `if`

Una posible solución al problema es:

```
/* Programa: Calificar según nota (Solución 1) */

#include <conio.h>
#include <stdio.h>

int main()
{
   float nota;

   printf( "\n   Introduzca nota (real): " );
   scanf( "%f", &nota );

   if ( nota >= 5 && nota <= 10 )
      printf( "\n   APTO" );
   else

      /* Inicio del anidamiento */
      if ( nota >= 0 && nota < 5 )
         printf( "\n   NO APTO" );
      else
         printf( "\n   ERROR: Nota incorrecta." );
      /* Fin del anidamiento */

   getch(); /* Pausa */

   return 0;
}
```

Véase en el código fuente del programa que la segunda instrucción **`if`** ha sido anidada dentro de la primera.

Por otro lado, otra posible solución es:

```
/* Programa: Calificar según nota (Solución 2) */

#include <conio.h>
#include <stdio.h>

int main()
{
   float nota;

   printf( "\n   Introduzca nota (real): " );
   scanf( "%f", &nota );

   if ( nota < 0 || nota > 10 )
      printf( "\n   ERROR: Nota incorrecta." );
   else

      /* Inicio del anidamiento */
      if ( nota < 5 )
         printf( "\n   NO APTO" );
      else
         printf( "\n   APTO" );
      /* Fin del anidamiento */

   getch(); /* Pausa */

   return 0;
}
```

Una tercera solución es:

```
/* Programa: Calificar según nota (Solución 3) */

#include <conio.h>
#include <stdio.h>

int main()
{
   float nota;

   printf( "\n   Introduzca nota (real): " );
   scanf( "%f", &nota );

   if ( nota >= 0 && nota <= 10 )

      /* Inicio del anidamiento */
      if ( nota >= 5 )
         printf( "\n   APTO" );
      else
         printf( "\n   NO APTO" );
      /* Fin del anidamiento */

   else
      printf( "\n   ERROR: Nota incorrecta." );

   getch(); /* Pausa */

   return 0;
}
```

Como se puede observar, el anidamiento de instrucciones **if** permite ir descartando valores hasta llegar al bloque de instrucciones que se debe ejecutar.

32. Calificar asignatura

EJEMPLO

Si en lenguaje C se quiere escribir un programa que:

1º) Pida por teclado la nota (dato real) de una asignatura.

2º) Muestre por pantalla:

· `"SOBRESALIENTE"`, en el caso de que la nota sea mayor o igual que 9 y menor o igual que 10.

· `"NOTABLE"`, en el caso de que la nota sea mayor o igual que 7 y menor que 9.

· `"BIEN"`, en el caso de que la nota sea mayor o igual que 6 y menor que 7.

· `"SUFICIENTE"`, en el caso de que la nota sea mayor o igual que 5 y menor que 6.

· `"INSUFICIENTE"`, en el caso de que la nota sea mayor o igual que 3 y menor que 5.

· `"MUY DEFICIENTE"`, en el caso de que la nota sea mayor o igual que 0 y menor que 3.

· `"ERROR: Nota incorrecta."`, en el caso de que la nota sea menor que 0 o mayor que 10.

Viéndose en pantalla, por ejemplo:

```
Introduzca nota (real): 5.3

SUFICIENTE
```

Al introducir una nota menor que cero o mayor que diez, se verá:

```
Introduzca nota (real): -3.5

ERROR: Nota incorrecta.
```

Solución: anidando varias instrucciones if

La solución propuesta tiene más de un nivel de anidamiento:

```
/* Programa: Calificar asignatura */

#include <conio.h>
#include <stdio.h>

int main()
{
   float nota;

   printf( "\n   Introduzca nota (real): " );
   scanf( "%f", &nota );

   if ( nota < 0 || nota > 10 )
      printf( "\n   ERROR: Nota incorrecta." );
   else
      if ( nota >= 9 )
         printf( "\n   SOBRESALIENTE" );
      else
         if ( nota >= 7 )
            printf( "\n   NOTABLE" );
         else
            if ( nota >= 6 )
               printf ( "\n   BIEN" );
            else
               if ( nota >= 5 )
                  printf ( "\n   SUFICIENTE" );
               else
                  if ( nota >= 3 )
                     printf ( "\n   INSUFICIENTE" );
                  else
                     printf ( "\n   MUY DEFICIENTE" );

   getch(); /* Pausa */

   return 0;
}
```

33. Número cercano al 1 o al 0

EJERCICIO RESUELTO

Escribir en lenguaje C un programa que:

1º) Pida por teclado un número (dato real).

2º) Muestre por pantalla:

· `"Está más cercano al 1"`, en el caso de que el número introducido esté más cercano al 1 que al 0.

· `"Está más cercano al 0"`, en el caso de que el número introducido esté más cercano al 0 que al 1.

· `"Está en medio"`, en el caso de que el número introducido sea el 0,5.

En pantalla se verá, por ejemplo:

```
Introduzca un número real: 49.25

Está más cercano al 1
```

Otra posibilidad es, por ejemplo:

```
Introduzca un número real: 0.242

Está más cercano al 0
```

Solución: anidando un `if` dentro de otro `if`

```
/* Programa: Número cercano al 1 o al 0 */

#include <conio.h>
#include <stdio.h>

int main()
{
   float numero;

   printf( "\n   Introduzca un n%cmero real: ", 163 );
   scanf( "%f", &numero );

   if ( numero > 0.5 )
       printf( "\n   Est%c m%cs cercano al 1",
               160, 160 );
   else

      if ( numero < 0.5 )
         printf( "\n   Est%c m%cs cercano al 0",
                 160, 160 );
      else
         printf( "\n   Est%c en medio", 160 );

   getch(); /* Pausa */

   return 0;
}
```

34. Edad de una persona

EJERCICIO RESUELTO

Escribir en lenguaje C un programa que:

1º) Pida por teclado la edad (dato entero) de una persona.

2º) Muestre por pantalla:

· `"BEBÉ"`, en el caso de que la edad sea 0 o 1.

· `"NIÑO"`, en el caso de que la edad sea mayor o igual que 2 y menor o igual que 12.

· `"ADOLESCENTE"`, en el caso de que la edad sea mayor o igual que 13 y menor o igual que 17.

· `"JOVEN"`, en el caso de que la edad sea mayor o igual que 18 y menor o igual que 30.

· `"ADULTO"`, en el caso de que la edad sea mayor o igual que 31 y menor o igual que 74.

· `"ANCIANO"`, en el caso de que la edad sea mayor o igual que 75 y menor o igual que 120.

· `"ERROR: Edad incorrecta."`, en el caso de que la edad sea menor que 0 o mayor que 120.

En pantalla se verá, por ejemplo:

```
Introduzca edad: 68

ADULTO
```

Si, por ejemplo, se introduce una edad menor que cero:

```
Introduzca edad: -10

ERROR: Edad incorrecta.
```

Solución: anidando varias instrucciones `if`

```
/* Programa: Edad de una persona */

#include <conio.h>
#include <stdio.h>

int main()
{
   int edad;

   printf( "\n   Introduzca edad: " );
   scanf( "%d", &edad );

   if ( edad >= 0 && edad <= 120 )
      if ( edad < 2 )
         printf( "\n   BEB%c", 144 );
      else
         if ( edad < 13 )
            printf( "\n   NI%cO", 165 );
         else
            if ( edad < 18 )
               printf( "\n   ADOLESCENTE" );
            else
               if ( edad < 31 )
                  printf( "\n   JOVEN");
               else
                  if ( edad < 75 )
                     printf( "\n   ADULTO" );
                  else
                     printf( "\n   ANCIANO" );
   else
      printf( "\n   ERROR: Edad incorrecta." );

   getch(); /* Pausa */

   return 0;
}
```

35. La hora un segundo después

EJERCICIO RESUELTO

Escribir en lenguaje C un programa que:

1º) Pida por teclado una hora en tres variables: horas, minutos y segundos (datos enteros).

2º) Muestre por pantalla la hora un segundo después.

Nota 1: si la hora introducida por el usuario es incorrecta, se debe mostrar el mensaje: "`ERROR: La hora es incorrecta.`".

Nota 2: para que una hora sea válida, se tiene que cumplir que:

· Las horas deben ser mayor o igual que 0 y menor o igual que 23.

· Los minutos deben ser mayor o igual que 0 y menor o igual que 59.

· Los segundos deben ser mayor o igual que 0 y menor o igual que 59.

En pantalla se verá, por ejemplo:

```
Introduzca horas: 14

Introduzca minutos: 32

Introduzca segundos: 59

Un segundo después la hora es: 14:33:0
```

Si se introduce una hora incorrecta, en pantalla se verá, por ejemplo:

```
Introduzca horas: 14

Introduzca minutos: 33

Introduzca segundos: 74

ERROR: La hora es incorrecta.
```

Solución: anidando varias instrucciones `if`

```
/* Programa: La hora un segundo después */

#include <conio.h>
#include <stdio.h>

int main()
{
   int h, m, s;

   printf( "\n   Introduzca horas: " );
   scanf( "%d", &h );
   printf( "\n   Introduzca minutos: " );
   scanf( "%d", &m );
   printf( "\n   Introduzca segundos: " );
   scanf( "%d", &s );

   if ( h >= 0 && h <= 23 && m >= 0 && m <= 59 &&
        s >= 0 && s <= 59 )
   {
      s++;
      if ( s == 60 )
      {
         s = 0;
         m++;
         if ( m == 60 )
         {
            m = 0;
            h++;
```

```
            if ( h == 24 )
               h = 0;
         }
      }
      printf( "\n   Un segundo despu%cs la hora es:
%d:%d:%d", 130, h, m, s );
   }
   else
      printf( "\n   ERROR: La hora es incorrecta." );

   getch(); /* Pausa */

   return 0;
}
```

El operador incremento (**++**) se ha utilizado para, cuando corresponda, incrementar en una unidad el valor de las variables **h**, **m** y **s**. De forma que, por ejemplo **s++** es lo mismo que escribir **s = s + 1**.

Por otra parte, obsérvese que algunos caracteres *abrir* y *cerrar llave* (**{ }**) se han podido omitir, pero otros no.

36. Número mayor de dos números introducidos

EJERCICIO RESUELTO

Escribir en lenguaje C un programa que:

1º) Pida por teclado dos números (datos enteros).

2º) Muestre el mayor de los dos números introducidos.

Nota: si los números son iguales, en pantalla se debe mostrar el mensaje: `"SON IGUALES"`.

En pantalla se visualizará, por ejemplo:

```
Introduzca el primer número: 64

Introduzca el segundo número: 68

El 68 es mayor.
```

Cuando los números introducidos sean iguales, se verá:

```
Introduzca el primer número: 242

Introduzca el segundo número: 242

SON IGUALES.
```

Solución: anidando un `if` dentro de otro `if`

```
/* Programa: Número mayor de dos números introducidos */

#include <conio.h>
#include <stdio.h>

int main()
{
   int n1, n2;

   printf( "\n   Introduzca el primer n%cmero: ", 163 );
   scanf( "%d", &n1 );
   printf( "\n   Introduzca el segundo n%cmero: ", 163 );
   scanf( "%d", &n2 );

   if ( n1 > n2 )
      printf( "\n   El %d es mayor.", n1 );
   else

      if ( n1 < n2 )
         printf( "\n   El %d es mayor.", n2 );
      else
         printf( "\n   SON IGUALES." );

   getch(); /* Pausa */

   return 0;
}
```

37. Número mayor de tres números introducidos

EJERCICIO RESUELTO

Escribir en lenguaje C un programa que:

1º) Pida por teclado tres números (datos enteros).

2º) Muestre el mayor de los tres números introducidos.

En pantalla se podrá ver, por ejemplo:

```
Introduzca el primer número: 25

Introduzca el segundo número: 49

Introduzca el tercer número: -13

49 es el mayor.
```

Dos de los números introducidos podrían ser iguales:

```
Introduzca el primer número: 49

Introduzca el segundo número: 49

Introduzca el tercer número: 25

49 es el mayor.
```

Otra opción es que los tres números sean iguales:

```
Introduzca el primer número: 9015

Introduzca el segundo número: 9015

Introduzca el tercer número: 9015

9015 es el mayor.
```

Solución 1: utilizando tres variables

```
/* Programa: Número mayor de tres números introducidos
(Solución 1) */

#include <conio.h>
#include <stdio.h>

int main()
{
   int n1, n2, n3;

   printf( "\n   Introduzca el primer n%cmero: ", 163 );
   scanf( "%d", &n1 );
   printf( "\n   Introduzca el segundo n%cmero: ", 163 );
   scanf( "%d", &n2 );
   printf( "\n   Introduzca el tercer n%cmero: ", 163 );
   scanf( "%d", &n3 );

   if ( n1 >= n2 && n1 >= n3 )
      printf( "\n   %d es el mayor.", n1 );
   else
      if ( n2 > n3 )
         printf( "\n   %d es el mayor.", n2 );
      else
         printf( "\n   %d es el mayor.", n3 );

   getch(); /* Pausa */

   return 0;
}
```

Solución 2: utilizando dos variables

```
/* Programa: Número mayor de tres números introducidos
(Solución 2) */

#include <conio.h>
#include <stdio.h>

int main()
{
   int numero, mayor;

   printf( "\n   Introduzca el primer n%cmero: ", 163 );
   scanf( "%d", &mayor );
   printf( "\n   Introduzca el segundo n%cmero: ", 163 );
   scanf( "%d", &numero );

   if ( numero > mayor )
      mayor = numero;

   printf( "\n   Introduzca el tercer n%cmero: ", 163 );
   scanf( "%d", &numero );

   if ( numero > mayor )
      mayor = numero;

   printf( "\n   %d es el mayor.", mayor );

   getch(); /* Pausa */

   return 0;
}
```

Solución 3: utilizando cuatro variables

```
/* Programa: Número mayor de tres números introducidos
(Solución 3) */

#include <conio.h>
#include <stdio.h>

int main()
{
   int n1, n2, n3, mayor;

   printf( "\n   Introduzca el primer n%cmero: ", 163 );
   scanf( "%d", &n1 );
   printf( "\n   Introduzca el segundo n%cmero: ", 163 );
   scanf( "%d", &n2 );
   printf( "\n   Introduzca el tercer n%cmero: ", 163 );
   scanf( "%d", &n3 );

   if ( n1 > n2 )

      if ( n1 > n3 )
         mayor = n1;
      else
         mayor = n3;

   else

      if ( n2 > n3 )
         mayor = n2;
      else
         mayor = n3;

   printf( "\n   %d es el mayor.", mayor );

   getch(); /* Pausa */

   return 0;
}
```

38. Dígitos de un número entero

EJERCICIO RESUELTO

Escribir en lenguaje C un programa que:

1º) Pida por teclado un número (dato entero).

2º) Muestre por pantalla el número de dígitos que tiene el número introducido por el usuario.

Nota: si el número introducido tiene 4 o más dígitos, se mostrará el mensaje: `"Tiene más de 3 dígitos"`.

Por ejemplo, en pantalla se verá:

```
Introduzca un número entero: 4

Tiene 1 dígito.
```

```
Introduzca un número entero: 3527

Tiene más de 3 dígitos.
```

El programa también debe funcionar para números enteros negativos:

```
Introduzca un número entero: -13

Tiene 2 dígitos.
```

Solución: anidando varias instrucciones `if else`

```
/* Programa: Dígitos de un número entero */

#include <conio.h>
#include <stdio.h>

int main()
{
   int n;

   printf( "\n   Introduzca un n%cmero entero: ", 163 );
   scanf( "%d", &n );

   if ( n >= -9 && n <= 9 )
      printf( "\n   Tiene 1 d%cgito.", 161 );
   else
      if ( n >= -99 && n <= 99 )
         printf( "\n   Tiene 2 d%cgitos.", 161 );
      else
         if ( n >= -999 && n <= 999 )
            printf( "\n   Tiene 3 d%cgitos.", 161 );
         else
            printf( "\n   Tiene m%cs de 3 d%cgitos.",
                    160, 161 );

   getch(); /* Pausa */

   return 0;
}
```

QUINTA PARTE
Anidamiento de instrucciones `if` y `switch`.

39. Días de un mes

EJEMPLO

Si en lenguaje C se quiere escribir un programa que:

1º) Pida por teclado un año (dato entero).

2º) Pida por teclado un mes (dato entero) de ese año.

3º) Muestre por pantalla el número de días que tiene dicho mes.

Nota 1: si el número de mes introducido es menor que 1 o mayor que 12, se mostrará el mensaje: `"ERROR: Mes incorrecto."`.

Nota 2: respecto a los días de cada mes, hay que tener en cuenta que:

· Tienen 31 días: enero, marzo, mayo, julio, agosto, octubre y diciembre.

· Tienen 30 días: abril, junio, septiembre y noviembre.

· Tiene 29 días: febrero (si el año es bisiesto).

· Tiene 28 días: febrero (si el año no es bisiesto).

Nota 3: son bisiestos todos los años múltiplos de 4, excepto aquellos que son múltiplos de 100 pero no de 400.

En pantalla se verá, por ejemplo:

```
Introduzca año: 2017

Introduzca mes: 9

30 días
```

Ahora bien, si el mes no es correcto, se verá:

```
Introduzca año: 2017

Introduzca mes: 13

ERROR: Mes incorrecto.
```

Solución 1: anidando instrucción `if` en `switch`

```
/* Programa: Días de un mes (Solución 1) */

#include <conio.h>
#include <stdio.h>

int main()
{
   int anio, mes;

   printf( "\n   Introduzca a%co: ", 164 );
   scanf( "%d", &anio );
   printf( "\n   Introduzca mes: " );
   scanf( "%d", &mes );

   switch ( mes )
   {
      case  1 :
      case  3 :
      case  5 :
```

```
    case  7 :
    case  8 :
    case 10 :
    case 12 : printf( "\n   31 d%cas", 161 );
              break;

    case  4 :
    case  6 :
    case  9 :
    case 11 : printf( "\n   30 d%cas", 161 );
              break;

    case  2 : /* Inicio del anidamiento */

              if ( anio % 4 == 0 && anio % 100 != 0 ||
                   anio % 400 == 0 )
                 printf( "\n   29 d%cas", 161 );
              else
                 printf( "\n   28 d%cas", 161 );

              /* Fin del anidamiento */

              break;

    default : printf( "\n   ERROR: Mes incorrecto." );
  }

  getch(); /* Pausa */

  return 0;
}
```

Solución 2: anidando `if` en `switch` y `switch` en `if`

El programa también se puede escribir comprobando, en primer lugar, el valor del mes, y solamente ejecutar la alternativa múltiple (**`switch`**), si el valor introducido es mayor o igual que 1 y menor o igual que 12:

```
/* Programa: Días de un mes (Solución 2) */

#include <conio.h>
#include <stdio.h>

int main()
{
   int anio, mes;

   printf( "\n   Introduzca a%co: ", 164 );
   scanf( "%d", &anio );
   printf( "\n   Introduzca mes: " );
   scanf( "%d", &mes );

   if ( mes >= 1 && mes <= 12 )

      /* Inicio del anidamiento 1 */
      switch ( mes )
      {
         case  1 :
         case  3 :
         case  5 :
         case  7 :
         case  8 :
         case 10 :
         case 12 : printf( "\n   31 d%cas", 161 );
                   break;

         case  4 :
         case  6 :
         case  9 :
         case 11 : printf( "\n   30 d%cas", 161 );
                   break;
```

```
        case  2 : /* Inicio del anidamiento 2 */

                    if ( anio % 4 == 0 && anio % 100 != 0
                         || anio % 400 == 0 )
                       printf( "\n   29 d%cas", 161 );
                    else
                       printf( "\n   28 d%cas", 161 );

                    /* Fin del anidamiento 2 */
      }
      /* Fin del anidamiento 1 */

   else
      printf( "\n   ERROR: Mes incorrecto." );

   getch(); /* Pausa */

   return 0;
}
```

40. Validar fecha

EJERCICIO RESUELTO

Escribir en lenguaje C un programa que:

1º) Pida por teclado una fecha en tres variables (día, mes y año).

2º) Muestre por pantalla:

· `"FECHA CORRECTA"`, en el caso de que la fecha sea válida.

· `"FECHA INCORRECTA"`, en el caso de que la fecha no sea válida.

Nota 1: para que una fecha sea válida, se tiene que cumplir que:

· El mes debe ser mayor o igual que 1 y menor o igual que 12.

· El día debe ser mayor o igual que 1 y menor o igual que un número, el cual dependerá del mes y año introducidos por el usuario.

Nota 2: respecto a los días de cada mes, hay que tener en cuenta que:

· Tienen 31 días: enero, marzo, mayo, julio, agosto, octubre y diciembre.

· Tienen 30 días: abril, junio, septiembre y noviembre.

· Tiene 29 días: febrero (si el año es bisiesto).

· Tiene 28 días: febrero (si el año no es bisiesto).

Nota 3: son bisiestos todos los años múltiplos de 4, excepto aquellos que son múltiplos de 100 pero no de 400.

En pantalla se verá, por ejemplo:

```
Introduzca día: 35

Introduzca mes: 9

Introduzca año: 2017

FECHA INCORRECTA
```

Ahora bien, si la fecha es correcta, se verá:

```
Introduzca día: 18

Introduzca mes: 9

Introduzca año: 2017

FECHA CORRECTA
```

Solución 1: anidando instrucciones `if` y `switch`

Véase que en el código fuente de la primera solución propuesta hay seis anidamientos de instrucciones **`if`** y **`switch`**:

```
/* Programa: Validar fecha (Solución 1) */

#include <conio.h>
#include <stdio.h>

int main()
{
   int dia, mes, anio;

   printf( "\n   Introduzca d%ca: ", 161 );
   scanf( "%d", &dia );
   printf( "\n   Introduzca mes: " );
   scanf( "%d", &mes );
   printf( "\n   Introduzca a%co: ", 164 );
   scanf( "%d", &anio );

   if ( mes >= 1 && mes <= 12 )
   {
      switch ( mes )
      {
         case  1 :
         case  3 :
         case  5 :
         case  7 :
         case  8 :
         case 10 :
         case 12 : if ( dia >= 1 && dia <= 31 )
                      printf( "\n   FECHA CORRECTA" );
                   else
                      printf( "\n   FECHA INCORRECTA" );
                   break;

         case  4 :
         case  6 :
         case  9 :
```

```
        case 11 : if ( dia >= 1 && dia <= 30 )
                     printf( "\n   FECHA CORRECTA" );
                  else
                     printf( "\n   FECHA INCORRECTA" );
                  break;

        case  2 : if ( anio % 4 == 0 && anio % 100 != 0
                       || anio % 400 == 0 )
                    if ( dia >= 1 && dia <= 29 )
                      printf( "\n   FECHA CORRECTA" );
                    else
                      printf( "\n   FECHA INCORRECTA" );
                  else
                    if ( dia >= 1 && dia <= 28 )
                      printf( "\n   FECHA CORRECTA" );
                    else
                      printf( "\n   FECHA INCORRECTA" );
      }
   }
   else
      printf( "\n   FECHA INCORRECTA" );

   getch(); /* Pausa */

   return 0;
}
```

Solución 2: utilizando una variable interruptor

A continuación, se muestra una segunda solución, en la cual, se hace uso de una variable interruptor (**fecha_correcta**), también llamada *bandera*, *centinela* o *conmutador*.

```
/* Programa: Validar fecha (Solución 2) */

#include <conio.h>
#include <stdio.h>

int main()
{
   int dia, mes, anio, fecha_correcta;

   printf( "\n   Introduzca d%ca: ", 161 );
   scanf( "%d", &dia );
   printf( "\n   Introduzca mes: " );
   scanf( "%d", &mes );
   printf( "\n   Introduzca a%co: ", 164 );
   scanf( "%d", &anio );

   fecha_correcta = 0;

   if ( mes >= 1 && mes <= 12 )
   {
      switch ( mes )
      {
         case  1 :
         case  3 :
         case  5 :
         case  7 :
         case  8 :
         case 10 :
         case 12 : if ( dia >= 1 && dia <= 31 )
                      fecha_correcta = 1;
                   break;

         case  4 :
         case  6 :
```

```
        case  9 :
        case 11 : if ( dia >= 1 && dia <= 30 )
                      fecha_correcta = 1;
                  break;

        case  2 : if ( anio % 4 == 0 && anio % 100 != 0
                         || anio % 400 == 0 )
                      if ( dia >= 1 && dia <= 29 )
                         fecha_correcta = 1;
                  else
                      if ( dia >= 1 && dia <= 28 )
                         fecha_correcta = 1;
     }
   }

   /* Llegados a este punto, según el valor de
      fecha_correcta, por pantalla se mostrará
      un mensaje u otro. */

   if ( fecha_correcta )
      printf( "\n   FECHA CORRECTA" );
   else
      printf( "\n   FECHA INCORRECTA" );

   getch(); /* Pausa */

   return 0;
}
```

Solución 3: utilizando una nueva variable

Por último, se propone una tercera solución, donde se utiliza una nueva variable llamada **dia_maximo**:

```
/* Programa: Validar fecha (Solución 3) */

#include <conio.h>
#include <stdio.h>

int main()
{
   int dia_maximo, dia, mes, anio, fecha_correcta;

   printf( "\n   Introduzca d%ca: ", 161 );
   scanf( "%d", &dia );
   printf( "\n   Introduzca mes: " );
   scanf( "%d", &mes );
   printf( "\n   Introduzca a%co: ", 164 );
   scanf( "%d", &anio );

   fecha_correcta = 0;

   if ( mes >= 1 && mes <= 12 )
   {
      switch ( mes )
      {
         case  1 :
         case  3 :
         case  5 :
         case  7 :
         case  8 :
         case 10 :
         case 12 : dia_maximo = 31;
                   break;

         case  4 :
         case  6 :
         case  9 :
         case 11 : dia_maximo = 30;
                   break;
```

```
        case  2 : if ( anio % 4 == 0 && anio % 100 != 0
                       || anio % 400 == 0 )
                     dia_maximo = 29;
                  else
                     dia_maximo = 28;
      }

      if ( dia >= 1 && dia <= dia_maximo )
         fecha_correcta = 1;
   }

   if ( fecha_correcta )
      printf( "\n   FECHA CORRECTA" );
   else
      printf( "\n   FECHA INCORRECTA" );

   getch(); /* Pausa */

   return 0;
}
```

SEXTA PARTE
Instrucción repetitiva `while`.
Variable contador.

41. Primeros diez números naturales

EJEMPLO

Si en lenguaje C se quiere escribir un programa que muestre por pantalla los primeros diez números naturales:

```
1 2 3 4 5 6 7 8 9 10
```

Solución 1: utilizando la función `printf`

Para resolver el problema planteado, se puede escribir:

```
/* Programa: Primeros diez números naturales (Solución 1)
*/

#include <conio.h>
#include <stdio.h>

int main()
{
   printf( "\n   1 2 3 4 5 6 7 8 9 10" );

   getch(); /* Pausa */

   return 0;
}
```

El programa funciona bien, pero, ¿y si se quisiera mostrar por pantalla los primeros mil números naturales, o los primeros diez mil?

Solución 2: utilizando una variable

Otra posibilidad es utilizar una variable:

```
/* Programa: Primeros diez números naturales (Solución 2)
*/

#include <conio.h>
#include <stdio.h>

int main()
{
    int numero;

    numero = 1;
    printf( "\n   %d ", numero ); /* Escribe el 1 */
    numero++;
    printf( "%d ", numero ); /* Escribe el 2 */
    numero++;
    printf( "%d ", numero ); /* Escribe el 3 */
    numero++;
    printf( "%d ", numero ); /* Escribe el 4 */
    numero++;
    printf( "%d ", numero ); /* Escribe el 5 */
    numero++;
    printf( "%d ", numero ); /* Escribe el 6 */
    numero++;
    printf( "%d ", numero ); /* Escribe el 7 */
    numero++;
    printf( "%d ", numero ); /* Escribe el 8 */
    numero++;
    printf( "%d ", numero ); /* Escribe el 9 */
    numero++;
    printf( "%d", numero );  /* Escribe el 10 */

    getch(); /* Pausa */
    return 0;
}
```

En el código fuente del programa se repiten, una y otra vez, las instrucciones:

```
   numero++;
   printf( "%d ", numero );
```

El operador incremento (**++**) se ha utilizado para incrementar en una unidad el valor de la variable **numero**.

En vez de **numero++**, se puede escribir **numero = numero + 1**.

A continuación, vamos a ver que una instrucción repetitiva –como es **while**– permite ejecutar un bloque de instrucciones repetidamente, escribiéndolas una sola vez en el programa, reduciendo de este modo el código del mismo.

Solución 3: utilizando la instrucción while

En el siguiente programa se utiliza una variable contador en un bucle **while**:

```
/* Programa: Primeros diez números naturales (Solución 3)
*/

#include <conio.h>
#include <stdio.h>

int main()
{
   int contador;

   printf( "\n   " );

   contador = 1; /* Inicialización del contador */
   while ( contador <= 10 ) /* Condición */
   {
      printf( "%d ", contador ); /* Salida */
      contador++; /* Incremento del contador */
   }

   getch(); /* Pausa */
   return 0;
}
```

En el código fuente, se ha utilizado una instrucción repetitiva *mientras* (**while**), cuya sintaxis es:

```
while ( <expresión_lógica> )
{
   <bloque_de_instrucciones>
}
```

Cuando el bloque de instrucciones solo contiene una instrucción, los caracteres *abrir llave* (**{**) y *cerrar llave* (**}**) son opcionales.

Para que se ejecute el bloque de instrucciones de un bucle **while**, la expresión lógica (condición) tiene que ser ***verdadera***:

Por tanto, en este programa, mientras que el valor de la variable **contador** sea menor o igual que 10, se mostrará por pantalla el valor de dicha variable y se incrementará en 1 su valor.

Cuando el valor de **contador** sea 11, la condición será ***falsa*** y, en consecuencia, el bloque de instrucciones de la instrucción **while** dejará de ejecutarse.

A las instrucciones repetitivas se las conoce como *bucles*, *ciclos* o *lazos*.

42. Calificación según nota validada

EJERCICIO RESUELTO

Escribir en lenguaje C un programa que:

1º) Pida por teclado la nota (dato real) de una asignatura.

2º) En el caso de que la nota sea incorrecta, muestre por pantalla el mensaje: "ERROR: Nota incorrecta, debe ser >= 0 y <= 10".

3º) Repita los pasos 1º y 2º, mientras que, la nota introducida sea incorrecta.

4º) Muestre por pantalla:

· "APROBADO", en el caso de que la nota sea mayor o igual que 5.

· "SUSPENDIDO", en el caso de que la nota sea menor que 5.

Nota: utilizar un bucle **while**.

En pantalla se verá, por ejemplo:

```
Introduzca nota (real): 10.4

ERROR: Nota incorrecta, debe ser >=0 y <=10

Introduzca nota (real): -3.5

ERROR: Nota incorrecta, debe ser >=0 y <=10

Introduzca nota (real): 5.3

APROBADO
```

Solución: utilizando la instrucción `while`

```
/* Programa: Calificación según nota validada */

#include <conio.h>
#include <stdio.h>

int main()
{
   float nota;
   printf( "\n   Introduzca nota (real): " );
   scanf( "%f", &nota );

   /* Si la primera nota introducida por el usuario es
      correcta, el bucle no iterará ninguna vez. */

   while ( nota < 0 || nota > 10 )
   {
      printf( "\n   ERROR: Nota incorrecta, debe ser >=
0 y <= 10\n" );
      printf( "\n   Introduzca nota (real): " );
      scanf( "%f", &nota );
   }

   /* Mientras que el usuario introduzca una nota
      incorrecta, el bucle iterará. Y cuando introduzca
      una nota correcta, el bucle finalizará. */

   if ( nota >= 5 )
      printf( "\n   APROBADO" );
   else
      printf( "\n   SUSPENDIDO" );

   getch(); /* Pausa */
   return 0;
}
```

En el programa, el bucle **`while`** se ha usado para validar la nota introducida por el usuario. En programación, es muy frecuente usar el bucle **`while`** para validar (filtrar) datos. Al bucle que se utiliza para validar uno o más datos, también se le conoce como *filtro*.

43. Área de una circunferencia de radio válido

EJERCICIO RESUELTO

Escribir en lenguaje C un programa que:

1º) Pida por teclado el radio (dato real) de una circunferencia.

2º) En el caso de que el radio sea menor o igual que 0, muestre por pantalla el mensaje: "`ERROR: El radio debe ser mayor que cero.`".

3º) Repita los pasos 1º y 2º, mientras que, el radio introducido sea incorrecto.

4º) Muestre por pantalla: "`El área de una circunferencia es: <área>`".

Nota 1: área de una circunferencia = Π * $radio^2$

Nota 2: utilizar un bucle **`while`**.

```
Introduzca radio: 3.5

El área de la circunferencia es: 38.484502
```

```
Introduzca radio: -5.3

ERROR: El radio debe ser mayor que cero.

Introduzca radio: 5.3

El área de la circunferencia es: 88.247326
```

Solución

```
/* Programa: Área de una circunferencia de radio válido
*/

#include <conio.h>
#include <math.h>
#include <stdio.h>

int main()
{
   float radio;

   printf( "\n   Introduzca radio: " );
   scanf( "%f", &radio );

   /* Filtramos el radio */

   while ( radio <= 0 )
   {
      printf( "\n   ERROR: El radio debe ser mayor que
cero." );

      printf( "\n\n   Introduzca radio: " );
      scanf( "%f", &radio );
   }

   printf( "\n   El %crea de la circunferencia es: %f",
           160, 3.141592 * pow( radio, 2 ) );

   getch(); /* Pausa */

   return 0;
}
```

El valor del radio se ha filtrado utilizando un bucle **`while`**.

44. La mitad de un número

EJERCICIO RESUELTO

Escribir en lenguaje C un programa que:

1º) Pida por teclado un número (dato real).

2º) En el caso de que el número sea distinto de cero, muestre por pantalla el mensaje: "`La mitad de <número> es: <mitad>`".

3º) Repita los pasos 1º y 2º, mientras que, el número sea distinto de cero.

4º) Muestre por pantalla cuántos números distintos de cero han sido introducidos por el usuario.

Nota: utilizar un bucle **`while`**.

En pantalla se verá, por ejemplo:

```
Introduzca un número real (0=Fin): 49.25

La mitad de 49.250000 es: 24.625000

Introduzca un número real (0=Fin): -10.13

La mitad de -10.130000 es: -5.065000

Introduzca un número real (0=Fin): 35

La mitad de 35.000000 es: 17.500000

Introduzca un número real (0=Fin): 0

Ha introducido 3 número(s) distinto(s) de cero.
```

Solución: utilizando un bucle `while` y un contador

```
/* Programa: La mitad de un número */

#include <conio.h>
#include <stdio.h>

int main()
{
   int contador;
   float numero;

   printf( "\n   Introduzca un n%cmero real (0=Fin): ",
   163 );
   scanf( "%f", &numero );

   contador = 0; /* Inicialización del contador */

   while ( numero != 0 )
   {
      printf( "\n   La mitad de %f es: %f\n",
              numero, numero / 2 );

      contador++; /* Incremento*/

      printf( "\n   Introduzca un n%cmero real (0=Fin): ",
              163 );
      scanf( "%f", &numero );
   }

   printf( "\n   Ha introducido %d n%cmero(s) distinto(s)
de cero.", contador, 163 );

   getch(); /* Pausa */

   return 0;
}
```

A la variable **`contador`** inicialmente se le asigna un 0 y, cada vez que el usuario introduzca un número distinto de 0 (**`numero != 0`**), el valor de **`contador`** se incrementará en 1.

45. Área de un cubo

EJERCICIO RESUELTO

Escribir en lenguaje C un programa que:

1º) Pida por teclado la arista (dato real) de un cubo.

2º) En el caso de que la arista sea menor o igual que 0, muestre por pantalla el mensaje: `"ERROR: La arista debe ser mayor que cero."`.

3º) Repita los pasos 1º y 2º, mientras que, la arista introducida sea incorrecta.

4º) Muestre por pantalla: `"El área de un cubo de arista <arista> es: <área>."`.

Nota 1: área de un cubo = 6 * $arista^2$

Nota 2: utilizar un bucle **`while`**.

```
Introduzca arista: 0.4
El área de un cubo de arista 0.400000 es: 0.960000
```

```
Introduzca arista: -3.5
ERROR: La arista debe ser mayor que cero.
Introduzca arista: 3.5
El área de un cubo de arista 3.500000 es: 73.500000
```

Solución

```
/* Programa: Área de un cubo */

#include <conio.h>
#include <math.h>
#include <stdio.h>

int main()
{
   float arista;

   printf( "\n   Introduzca arista: " );
   scanf( "%f", &arista );

   /* Filtramos la arista */

   while ( arista <= 0 )
   {
      printf( "\n   ERROR: La arista debe ser mayor que
cero." );
      printf( "\n\n   Introduzca arista: " );
      scanf( "%f", &arista );
   }

   printf( "\n   El %crea de un cubo de arista %f es: %f",
           160, arista, 6 * pow( arista, 2 ) );

   getch(); /* Pausa */

   return 0;
}
```

El valor de la arista se ha filtrado utilizando un bucle **while**.

46. Áreas de triángulos

EJERCICIO RESUELTO

Escribir en lenguaje C un programa que:

1º) Pida por teclado la base y altura (datos reales) de un triángulo

2º) En el caso de que la base y la altura sean ambas distintas de cero, muestre por pantalla el mensaje: "`El área del triángulo es: <área>`".

3º) Repita los pasos 1º y 2º, mientras que, la base y la altura sean ambas distintas de cero.

4º) Muestre por pantalla cuántas áreas de triángulos han sido calculadas.

Nota 1: área de un triángulo = base * altura / 2
Nota 2: utilizar un bucle **`while`**.

```
Introduzca base (real): 1.2

Introduzca altura (real): 3.5

El área del triángulo es: 2.100000

Introduzca base (real): 10

Introduzca altura (real): 13

El área del triángulo es: 65.000000

Introduzca base (real): 0.4

Introduzca altura (real): 0

Ha calculado el área de 2 triángulo(s).
```

```
Introduzca base (real): 0

Introduzca altura (real): 0

Ha calculado el área de 0 triángulo(s).
```

Solución: utilizando una variable contador

```
/* Programa: Áreas de triángulos */

#include <conio.h>
#include <math.h>
#include <stdio.h>

int main()
{
   int contador;
   float altura, base;

   printf( "\n   Introduzca base (real): " );
   scanf( "%f", &base );
   printf( "\n   Introduzca altura (real): " );
   scanf( "%f", &altura );

   contador = 0;
   while ( base != 0 && altura != 0 )
   {
      printf( "\n   El %crea del tri%cngulo es: %f\n",
              160, 160, base * altura / 2 );

      contador++;

      printf( "\n   Introduzca base (real): " );
      scanf( "%f", &base );
      printf( "\n   Introduzca altura (real): " );
      scanf( "%f", &altura );
   }

   printf( "\n   Ha calculado el %crea de %d
tri%cngulo(s).", 160, contador, 160 );
```

```
    getch(); /* Pausa */

    return 0;
}
```

Se ha utilizado una variable **`contador`** para contar el número de áreas de triángulos calculadas.

SÉPTIMA PARTE

Instrucción repetitiva **`do...while`**.

Variable acumulador.

Función **`fflush`**.

47. Suma de números introducidos

EJEMPLO

Si en lenguaje C se quiere escribir un programa que:

1º) Pida por teclado un número (dato entero).

2º) Pregunte al usuario si desea introducir otro o no.

3º) Repita los pasos 1º y 2º, mientras que, el usuario no responda 'n' de (no).

4º) Muestre por pantalla la suma de los números introducidos por el usuario.

De forma que, por pantalla se vea, por ejemplo:

```
Introduzca un número entero: 49

¿Desea introducir otro número (s/n)?: s

Introduzca un número entero: 25

¿Desea introducir otro número (s/n)?: s

Introduzca un número entero: -13

¿Desea introducir otro número (s/n)?: n

La suma de los números introducidos es: 61
```

Solución: utilizando una instrucción `do...while`

Para resolver este problema, vamos a utilizar una instrucción repetitiva *hacer...mientras* (**`do...while`**), cuya sintaxis es:

```
do
{
   <bloque_de_instrucciones>
} while ( <expresión_lógica> );
```

En un bucle **`do...while`**, primero se ejecuta el bloque de instrucciones y, después, se evalúa la condición (***`<expresión_lógica>`***). En el caso de que esta sea ***`verdadera`***, se vuelve a ejecutar el bloque de instrucciones. Y así sucesivamente, hasta que, la condición sea ***`falsa`***.

Cuando el bloque de instrucciones solo contiene una instrucción, los caracteres *abrir llave* (**{**) y *cerrar llave* (**}**) son opcionales.

```
/* Programa: Suma de números introducidos */

#include <conio.h>
#include <stdio.h>

int main()
{
   char seguir;
   int acumulador, numero;

   /* En acumulador se va a guardar la suma de los
      números introducidos por el usuario. */

   acumulador = 0;
   do
   {
      printf( "\n   Introduzca un n%cmero entero: ",
              163 );
      scanf( "%d", &numero );

      acumulador += numero;
```

```
        printf( "\n   %cDesea introducir otro n%cmero
(s/n)?: ", 168, 163 );
        fflush( stdin );
        scanf( "%c", &seguir );
    } while ( seguir != 'n' );

    /* Mientras que el usuario desee introducir más
       números, el bucle iterará. */

    printf( "\n   La suma de los n%cmeros introducidos
es: %d", 163, acumulador );

    getch(); /* Pausa */
    return 0;
}
```

En la solución propuesta, cuando el programa pregunta al usuario si desea introducir otro número, el bucle **do...while** iterará mientras que **seguir** sea distinto de 'n' (**seguir != 'n'**). De manera que cualquier otro carácter que no sea 'n' provocará que el bucle itere de nuevo.

En el programa se ha utilizado un acumulador. En programación, se llama acumulador a una variable cuyo valor se incrementa o decrementa en un valor que no tiene por qué ser fijo (en cada iteración de un bucle). Un acumulador suele utilizarse para acumular resultados producidos en las iteraciones de un bucle.

Obsérvese que se ha utilizado el operador *suma y asignación* (**+=**) en la expresión **acumulador += numero**, que es equivalente a escribir:

```
acumulador = acumulador + numero
```

Por otro lado, véase que, para que el programa funcione correctamente, antes de leer un carácter con **scanf** se ha limpiado (vaciado) el *buffer* del teclado (*Standard Input*, **stdin**) con la función **fflush**.

Para saber más sobre la función **fflush**, véase el ***Apéndice D***.

48. Suma y cantidad de números introducidos (Versión 1)

EJERCICIO PROPUESTO

Escribir en lenguaje C un programa que:

1º) Pida por teclado un número (dato entero).

2º) Pregunte al usuario si desea introducir otro número o no.

3º) Repita los pasos 1º y 2º, mientras que, el usuario no responda 'n' de (no).

4º) Muestre por pantalla cuántos números han sido introducidos por el usuario, así como, la suma de todos ellos.

Nota: utilizar un bucle **do...while**.

En pantalla se verá, por ejemplo:

```
Introduzca un número entero: 5
¿Desea introducir otro número (s/n)?: s
Introduzca un número entero: 10
¿Desea introducir otro número (s/n)?: s
Introduzca un número entero: -2
¿Desea introducir otro número (s/n)?: n
Ha introducido 3 número(s).
La suma de todos ellos es: 13
```

Solución: utilizando un bucle do...while, un contador y un acumulador

```
/* Programa: Suma y cantidad de números introducidos
(Versión 1) */

#include <conio.h>
#include <stdio.h>

int main()
{
   char seguir;
   int acumulador, contador, numero;
   acumulador = 0;
   contador = 0;
   do
   {
      printf( "\n   Introduzca un n%cmero entero: ",
              163 );
      scanf( "%d", &numero);

      acumulador += numero;
      contador++;

      printf( "\n   %cDesea introducir otro n%cmero
(s/n)?: ", 168, 163 );
      fflush(stdin);
      scanf( "%c", &seguir);
   } while ( seguir != 'n' );

   printf( "\n   Ha introducido %d n%cmero(s).",
           contador, 163 );
   printf( "\n\n   La suma de todos ellos es: %d",
           acumulador );
   getch(); /* Pausa */
   return 0;
}
```

La variable **contador** se utiliza para contar y guardar en ella la cantidad de números introducidos, mientras que en la variable **acumulador** se calcula y almacena la suma de todos ellos.

49. Suma y cantidad de números introducidos (Versión 2)

EJERCICIO PROPUESTO

Escribir en lenguaje C un programa que:

1º) Pida por teclado un número (dato entero).

2º) Muestre por pantalla el mensaje: `"La suma acumulada es: <suma>"`.

3º) Pregunte al usuario si desea introducir otro número o no.

4º) Repita los pasos 1º, 2º y 3º, mientras que, el usuario no responda 'n' de (no).

5º) Muestre por pantalla cuántos números ha introducido el usuario.

Nota: utilizar un bucle **`do...while`**.

En pantalla se verá, por ejemplo:

```
Introduzca un número entero: 49

La suma acumulada es: 49

¿Desea introducir otro número (s/n)?: s

Introduzca un número entero: 25

La suma acumulada es: 74

¿Desea introducir otro número (s/n)?: s

Introduzca un número entero: -2

La suma acumulada es: 72

¿Desea introducir otro número (s/n)?: s

Introduzca un número entero: 0

La suma acumulada es: 72

¿Desea introducir otro número (s/n)?: n

Ha introducido 4 número(s).
```

Solución: utilizando un bucle `do...while`, un contador y un acumulador

```
/* Programa: Suma y cantidad de números introducidos
(Versión 2) */

#include <conio.h>
#include <stdio.h>

int main()
{
    char seguir;
    int acumulador, contador, numero;

    acumulador = 0;
```

```
    contador = 0;
    do
    {
       printf( "\n   Introduzca un n%cmero entero: ",
               163 );
       scanf( "%d", &numero);

       acumulador += numero;
       printf( "\n   La suma acumulada es: %d",
               acumulador );

       contador++;

       printf( "\n\n   %cDesea introducir otro n%cmero
(s/n)?: ", 168, 163 );
       fflush(stdin);
       scanf( "%c", &seguir);
    } while ( seguir != 'n' );

    printf( "\n   Ha introducido %d n%cmero(s).",
            contador, 163 );

    getch(); /* Pausa */

    return 0;
}
```

50. Suma de los cuadrados calculados

EJERCICIO PROPUESTO

Escribir en lenguaje C un programa que:

1º) Pida por teclado un número (dato entero).

2º) Muestre por pantalla el mensaje: "<número> elevado a 2 es: <cuadrado>".

3º) Pregunte al usuario si desea introducir otro número o no.

4º) Repita los pasos 1º, 2º y 3º, mientras que, el usuario no responda 'n' de (no).

5º) Muestre por pantalla la suma de los cuadrados calculados.

Nota: utilizar un bucle **do...while**.

En pantalla:

```
Introduzca un número entero: 5
5 elevado a 2 es: 25
¿Desea introducir otro número (s/n)?: s
Introduzca un número entero: -35
-35 elevado a 2 es: 1225
¿Desea introducir otro número (s/n)?: n
La suma de los cuadrados calculados es: 1250
```

Solución

```
/* Programa: Suma de los cuadrados calculados */

#include <conio.h>
#include <math.h>
#include <stdio.h>

int main()
{
   char seguir;
   int acumulador, cuadrado, numero;

   acumulador = 0;
   do
   {
      printf( "\n   Introduzca un n%cmero entero: ",
              163 );
      scanf( "%d", &numero);

      cuadrado = pow( numero, 2 );
      printf( "\n   %d elevado a 2 es: %d\n",
              numero, cuadrado );

      acumulador += cuadrado;

      printf( "\n   %cDesea introducir otro n%cmero
(s/n)?: ", 168, 163 );
      fflush( stdin );
      scanf( "%c", &seguir);
   } while ( seguir != 'n' );

   printf( "\n   La suma de los cuadrados calculados
es: %d", acumulador );

   getch(); /* Pausa */

   return 0;
}
```

51. Suma y cantidad de resultados calculados

EJERCICIO PROPUESTO

Escribir en lenguaje C un programa que:

1º) Pida por teclado un número (dato entero).

2º) Muestre por pantalla el mensaje: "`<número> * <número> - <número> = <resultado>`".

3º) Pregunte al usuario si desea introducir otro número o no.

4º) Repita los pasos 1º, 2º y 3º, mientras que, el usuario no responda 'n' de (no).

5º) Muestre por pantalla la cantidad de números introducidos por el usuario, así como, la suma de los resultados calculados.

Nota: utilizar un bucle **`do...while`**.

```
Introduzca un número entero: 5

5 * 5 - 5 = 20

¿Desea introducir otro número (s/n)?: s

Introduzca un número entero: 10

10 * 10 - 10 = 90

¿Desea introducir otro número (s/n)?: n

Ha introducido 2 número(s).

La suma de los resultados es: 110
```

Solución

```
/* Programa: Suma y cantidad de resultados calculados
*/

#include <conio.h>
#include <stdio.h>

int main()
{
   char seguir;
   int acumulador, contador, numero, resultado;
   acumulador = 0;
   contador = 0;
   do
   {
      printf( "\n   Introduzca un n%cmero entero: ",
              163 );
      scanf( "%d", &numero);

      resultado = numero * numero - numero;
      printf( "\n   %d * %d - %d = %d",
              numero, numero, numero, resultado );

      acumulador += resultado;
      contador++;

      printf( "\n\n   %cDesea introducir otro n%cmero
(s/n)?: ", 168, 163 );
      fflush( stdin );
      scanf( "%c", &seguir);
   } while ( seguir != 'n' );

   printf( "\n   Ha introducido %d n%cmero(s).",
           contador, 163 );
   printf( "\n\n   La suma de los resultados es: %d",
           acumulador );
   getch(); /* Pausa */
   return 0;
}
```

OCTAVA PARTE
Instrucción repetitiva `for`.

52. Primeras diez potencias de 2

EJEMPLO

Se quiere escribir un programa que muestre por pantalla las primeras diez potencias de 2, desde 2^1 hasta 2^{10}, de forma que en pantalla se vea:

```
2 4 8 16 32 64 128 256 512 1024
```

Solución: utilizando una instrucción `for`

El bucle **`for`** es ideal usarlo cuando, de antemano, ya se sabe el número de veces (iteraciones) que tiene que ejecutarse un determinado bloque de instrucciones, como es este caso. Por tanto, la solución propuesta es:

```
/* Programa: Primeras diez potencias de 2 */

#include <conio.h>
#include <math.h>
#include <stdio.h>

int main()
{
   int i;
   printf( "\n   " );

   for ( i = 1 ; i <= 10 ; i++ )
   {
      printf( "%.f ", pow( 2, i ) );
   }

   getch(); /* Pausa */
   return 0;
}
```

Obsérvese que, la sintaxis de una instrucción **for** es:

```
for ( <expresión_1> ; <expresión_2> ; <expresión_3> )
{
   <bloque_de_instrucciones>
}
```

Cuando el bloque de instrucciones de un bucle **for** solo contiene una instrucción, los caracteres *abrir llave* (**{**) y *cerrar llave* (**}**) son opcionales. Por tanto, en este caso, también se podría haber escrito:

```
for ( i = 1 ; i <= 10 ; i++ )
   printf( "%.f ", pow( 2, i ) );
```

La función **printf** se ejecuta 10 veces y, en cada una de ellas, el valor de la variable **i** es 1, 2, 3… hasta llegar a 10.

En ***<expresión_1>*** se ha escrito **i = 1**, inicializándose la variable **i** a 1.

Por otra parte, en ***<expresión_2>*** se ha escrito la condición de salida del bucle (**i <= 10**), es decir, mientras que el valor de **i** sea menor o igual que 10, el bucle iterará.

Finalmente, en **<expresión_3>** se ha indicado que la variable **i** debe incrementarse en 1 en cada iteración del bucle. De no ser así, **i** nunca tendría un valor mayor que 10 y el bucle **for** sería infinito.

53. Sucesión de números positivos y negativos

EJERCICIO RESUELTO

Escribir en lenguaje C un programa que muestre por pantalla la sucesión de números:

```
1 -1 2 -2 3 -3 4 -4 5 -5
```

Nota: utilizar un bucle **for**.

Solución: utilizando un bucle for

```
/* Programa: Sucesión de números positivos y negativos
*/

#include <conio.h>
#include <stdio.h>

int main()
{
   int numero;

   printf( "\n   " );

   for ( numero = 1 ; numero <= 5 ; numero++ )
   {
      printf( "%d %d ", numero, -numero );
   }

   getch(); /* Pausa */

   return 0;
}
```

Dado que el bloque de instrucciones del bucle **for** solo contiene una instrucción, los caracteres *abrir llave* (**{**) y *cerrar llave* (**}**) son opcionales.

54. Cuadrados de los números del 1 al 10

EJERCICIO RESUELTO

Escribir en lenguaje C un programa que muestre por pantalla los cuadrados de los diez primeros números naturales.

Nota 1: cuadrado de un número = número^2

Nota 2: utilizar un bucle **`for`**.

En pantalla se verá:

```
1 4 9 16 25 36 49 64 81 100
```

Solución: utilizando un bucle `for`

```
/* Programa: Cuadrados de los números del 1 al 10 */

#include <conio.h>
#include <math.h>
#include <stdio.h>

int main()
{
   int numero;

   printf( "\n   " );

   for ( numero = 1 ; numero <= 10 ; numero++ )
   {
      printf( "%.f ", pow( numero, 2 ) );
   }

   getch(); /* Pausa */

   return 0;
}
```

55. Áreas de las circunferencias de radios 1 al 5

EJERCICIO RESUELTO

Escribir en lenguaje C un programa que muestre por pantalla el área de las circunferencias de radios 1, 2, 3, 4 y 5.

Nota 1: área de una circunferencia = Π * radio^2

Nota 2: utilizar un bucle **for**.

En pantalla se mostrará:

```
Área de la circunferencia de radio 1: 3.141592
Área de la circunferencia de radio 2: 12.566368
Área de la circunferencia de radio 3: 28.274328
Área de la circunferencia de radio 4: 50.265472
Área de la circunferencia de radio 5: 78.539800
```

Solución: utilizando un bucle `for`

```
/* Programa: Áreas de las circunferencias de radios 1
al 5 */

#include <conio.h>
#include <math.h>
#include <stdio.h>

int main()
{
   int radio;

   for ( radio = 1 ; radio <= 5 ; radio++ )
   {
      printf( "\n   %crea de la circunferencia de radio
%d: %f", 181, radio, 3.141592 * pow( radio, 2 ) );
   }

   getch(); /* Pausa */

   return 0;
}
```

56. Números pares del 1 al 18

EJERCICIO RESUELTO

Escribir en lenguaje C un programa que muestre por pantalla todos los números pares que hay entre el 1 y el 18, ambos inclusive.

Nota: utilizar un bucle **`for`**.

En pantalla se verán los números:

```
2 4 6 8 10 12 14 16 18
```

Solución: utilizando un bucle `for`

```
/* Programa: Números pares del 1 al 18 */

#include <conio.h>
#include <stdio.h>

int main()
{
   int numero;

   printf( "\n   " );

   for ( numero = 2 ; numero <= 18 ; numero += 2 )
   {
      printf( "%d ", numero );
   }

   getch(); /* Pausa */

   return 0;
}
```

57. Números impares del -49 al -25

EJERCICIO RESUELTO

Escribir en lenguaje C un programa que muestre por pantalla todos los números impares que hay entre el -49 y el -25, ambos inclusive.

Nota: utilizar un bucle **for**.

En pantalla se visualizarán los números:

```
-49 -47 -45 -43 -41 -39 -37 -35 -33 -31 -29 -27 -25
```

Solución: utilizando un bucle `for`

```
/* Programa: Números impares del -49 al -25 */

#include <conio.h>
#include <stdio.h>

int main()
{
   int numero;

   printf( "\n   " );

   for ( numero = -49 ; numero <= -25 ; numero += 2 )
   {
      printf( "%d ", numero );
   }

   getch(); /* Pausa */

   return 0;
}
```

58. Números múltiplos de 5 entre el 35 y el 1

EJERCICIO RESUELTO

Escribir en lenguaje C un programa que muestre por pantalla todos los números múltiplos de 5 que hay entre el 35 y el 1, ambos inclusive.

Nota: utilizar un bucle **`for`**.

En pantalla:

```
35 30 25 20 15 10 5
```

Solución: utilizando un bucle for

```
/* Programa: Números múltiplos de 5 entre el 35 y el 1
*/

#include <conio.h>
#include <stdio.h>

int main()
{
   int numero;

   printf( "\n   " );

   for ( numero = 35 ; numero >= 1 ; numero += -5 )
   {
      printf( "%d ", numero );
   }

   getch(); /* Pausa */

   return 0;
}
```

59. Sucesión de números 1 10 100 1000 10000

EJERCICIO RESUELTO

Escribir en lenguaje C un programa que muestre por pantalla la sucesión de números:

1 10 100 1000 10000

Nota: utilizar un bucle **for**.

En pantalla:

```
1 10 100 1000 10000
```

Solución: utilizando un bucle for

```
/* Programa: Sucesión de números 1 10 100 1000 10000 */

#include <conio.h>
#include <math.h>
#include <stdio.h>

int main()
{
   int i;

   printf( "\n   " );

   for ( i = 0 ; i <= 4 ; i++ )
   {
      printf( "%.f ", pow( 10, i ) );
   }

   getch(); /* Pausa */

   return 0;
}
```

NOVENA PARTE
Anidamiento de instrucciones alternativas y repetitivas.

60. Menú de opciones

EJEMPLO

Si en lenguaje C se quiere escribir un programa que:

1º) Muestre un menú con 4 opciones:

1. Calcular el doble de un número entero.
2. Calcular la mitad de un número entero.
3. Calcular el cuadrado de un número entero.
4. Salir.

2º) Pida por teclado la opción deseada (dato entero).

3º) Ejecute la opción del menú seleccionada.

4º) Repita los pasos 1º, 2º y 3º, mientras que, el usuario no seleccione la opción 4 (Salir) del menú.

En pantalla se verá, por ejemplo:

```
1. Calcular el doble de un número entero
2. Calcular la mitad de un número entero.
3. Calcular el cuadrado de un número entero.
4. Salir

Introduzca opción (1-4): 3

Introduzca un número entero: 5

El cuadrado de 5 es 25

1. Calcular el doble de un número entero
2. Calcular la mitad de un número entero.
3. Calcular el cuadrado de un número entero.
4. Salir

Introduzca opción (1-4): 1

Introduzca un número entero: 35

El doble de 35 es 70

1. Calcular el doble de un número entero
2. Calcular la mitad de un número entero.
3. Calcular el cuadrado de un número entero.
4. Salir

Introduzca opción (1-4): 4
```

Solución 1: anidando una instrucción `switch` en un bucle `do...while`

```
/* Programa: Menú de opciones (Solución 1) */

#include <math.h>
#include <stdio.h>

int main()
{

   int n, opcion;
```

```
    do
    {
        printf( "\n   1. Calcular el doble de un n%cmero
entero.", 163 );
        printf( "\n   2. Calcular la mitad de un n%cmero
entero.", 163 );
        printf( "\n   3. Calcular el cuadrado de un n%cmero
entero.", 163 );
        printf( "\n   4. Salir." );
        printf( "\n\n   Introduzca opci%cn (1-4): ", 162 );

        scanf( "%d", &opcion );
        switch ( opcion )
        {
            case 1:
              printf( "\n   Introduzca un n%cmero entero: ",
                      163 );
              scanf( "%d", &n );
              printf( "\n   El doble de %d es %d\n\n",
                      n, n * 2 );
              break;

            case 2:
              printf( "\n   Introduzca un n%cmero entero: ",
                      163 );
              scanf( "%d", &n );
              printf( "\n   La mitad de %d es %f\n\n",
                      n, ( float ) n / 2 );
              break;

            case 3:
              printf( "\n   Introduzca un n%cmero entero: ",
                      163 );
              scanf( "%d", &n );
              printf( "\n   El cuadrado de %d es %d\n\n",
                      n, ( int ) pow( n, 2 ) );
        }

    } while ( opcion != 4 );
    return 0;
}
```

Véase que se han realizado dos *castings*, **(float)** y **(int)**, para cambiar, respectivamente, los tipos de datos de los valores resultantes de las expresiones **n / 2** y **pow(n, 2)**. Por otra parte, fíjese que el bucle **do...while** iterará mientras que **opcion** sea distinto del valor 4. Normalmente, en un menú, la opción de salir (opción 4 en este caso) no se debe contemplar en la alternativa múltiple, es decir, si el usuario introduce un 4, no se debe hacer nada. Pero, ¿qué ocurre si el usuario teclea un número mayor que 4 o menor que 1? En pantalla se verá algo parecido a:

```
1. Calcular el doble de un número entero
2. Calcular la mitad de un número entero.
3. Calcular el cuadrado de un número entero.
4. Salir

Introduzca opción (1-4): 5

1. Calcular el doble de un número entero
2. Calcular la mitad de un número entero.
3. Calcular el cuadrado de un número entero.
4. Salir

Introduzca opción (1-4): 0

1. Calcular el doble de un número entero
2. Calcular la mitad de un número entero.
3. Calcular el cuadrado de un número entero.
4. Salir

Introduzca opción (1-4): 2

Introduzca un número entero: 13

La mitad de 13 es 6.500000

1. Calcular el doble de un número entero
2. Calcular la mitad de un número entero.
3. Calcular el cuadrado de un número entero.
4. Salir

Introduzca opción (1-4): 4
```

Al introducir un número menor que 1 o mayor que 4, se muestra de nuevo el menú. Para evitar que ocurra esto, es conveniente utilizar un filtro al leer la opción que introduce el usuario.

Solución 2: filtrando la opción introducida por el usuario

```
/* Programa: Menú de opciones (Solución 2) */

#include <math.h>
#include <stdio.h>

int main()
{
   int n, opcion;

   do
   {
      printf( "\n   1. Calcular el doble de un n%cmero
entero.", 163 );
      printf( "\n   2. Calcular la mitad de un n%cmero
entero.", 163 );
      printf( "\n   3. Calcular el cuadrado de un n%cmero
entero.", 163 );
      printf( "\n   4. Salir." );

      /* Filtramos la opción elegida por el usuario */
      do
      {
        printf( "\n   Introduzca opci%cn (1-4): ", 162 );
        scanf( "%d", &opcion );

      } while ( opcion < 1 || opcion > 4 );
      /* La opción solo puede ser 1, 2, 3 o 4 */

      switch ( opcion )
      {
         case 1:
           printf( "\n   Introduzca un n%cmero entero: ",
                   163 );
           scanf( "%d", &n );
           printf( "\n   El doble de %d es %d\n\n",
                   n, n * 2 );
           break;
```

```
        case 2:
          printf( "\n   Introduzca un n%cmero entero: ",
                  163 );
          scanf( "%d", &n );
          printf( "\n   La mitad de %d es %f\n\n",
                  n, ( float ) n / 2 );
          break;

        case 3:
          printf( "\n   Introduzca un n%cmero entero: ",
                  163 );
          scanf( "%d", &n );
          printf( "\n   El cuadrado de %d es %d\n\n",
                  n, ( int ) pow( n, 2 ) );
      }

   } while ( opcion != 4 );
   return 0;
}
```

La variable **opcion** también puede ser un dato de tipo carácter (**char**) en vez de tipo entero (**int**).

Solución 3: declarando la variable opcion de tipo carácter

```
/* Programa: Menú de opciones (Solución 3) */

#include <math.h>
#include <stdio.h>

int main()
{
   char opcion;
   int n;

   do
   {
      printf( "\n   1. Calcular el doble de un n%cmero
entero.", 163 );
```

```
    printf( "\n   2. Calcular la mitad de un n%cmero
entero.", 163 );
    printf( "\n   3. Calcular el cuadrado de un n%cmero
entero.", 163 );
    printf( "\n   4. Salir." );

    do
    {
      printf( "\n   Introduzca opci%cn (1-4): ", 162 );
      fflush( stdin );
      scanf( "%c", &opcion );
    } while ( opcion < '1' || opcion > '4' );

    switch ( opcion )
    {
       case '1':
         printf( "\n   Introduzca un n%cmero entero: ",
                 163 );
         scanf( "%d", &n );
         printf( "\n   El doble de %d es %d\n\n",
                 n, n * 2 );
         break;

       case '2':
         printf( "\n   Introduzca un n%cmero entero: ",
                 163 );
         scanf( "%d", &n );
         printf( "\n   La mitad de %d es %f\n\n",
                 n, ( float ) n / 2 );
         break;

       case '3':
         printf( "\n   Introduzca un n%cmero entero: ",
                 163 );
         scanf( "%d", &n );
         printf( "\n   El cuadrado de %d es %d\n\n",
                 n, ( int ) pow( n, 2 ) );
    }

  } while ( opcion != '4' );
```

```
    return 0;
}
```

Obsérvese que en esta tercera solución se ha utilizado la función **`fflush`**.

61. Números primos entre el número 1 y el 35

EJEMPLO

Si en lenguaje C se quiere escribir un programa que muestre por pantalla todos los números enteros del 1 al 35 (ambos inclusive) que sean primos.

Nota: un número primo es aquél que solo es divisible por sí mismo y por 1.

De forma que, en pantalla se vea:

```
1 2 3 5 7 11 13 17 19 23 29 31
```

Solución: anidando instrucciones alternativas y repetitivas

Para resolver este problema, el programa propuesto a continuación contiene varias instrucciones alternativas y repetitivas anidadas:

```
/* Programa: Números primos entre el número 1 y el 35
*/

#include <conio.h>
#include <stdio.h>

int main()
{
   int contador, n, primo;

   printf( "\n   " );

   for ( n = 1 ; n <= 35 ; n++ )
   {
      primo = 1;
```

```
        contador = 2;

        while ( contador <= n / 2 && primo )
        {
            if ( n % contador == 0 )
                primo = 0;

            contador++;
        }

        if ( primo )
            printf( "%d ", n );
    }

    getch(); /* Pausa */

    return 0;
}
```

Obsérvese que en el bloque del instrucciones del **for** se ha escrito un bucle **while** y una instrucción **if**. A su vez, dentro del **while** se ha anidado otra instrucción **if**.

Llegados a este punto, ya se ha estudiado el uso de estructuras de control secuenciales, alternativas y repetitivas. No obstante, algunos lenguajes de programación (como C) también permiten el uso de estructuras de control de salto. Al respecto, en el ***Apéndice K*** se explican las ventajas de no hacer uso de ellas.

62. Tabla de multiplicar de un número

EJERCICIO RESUELTO

Escribir en lenguaje C un programa que muestre por pantalla la tabla de multiplicar de un número entero introducido por el usuario. El proceso debe repetirse mientras que el usuario lo desee. En pantalla se verá algo parecido a:

```
Introduzca un número entero: 5

La tabla de multiplicar del 5 es:

1 * 5 = 5
2 * 5 = 10
3 * 5 = 15
4 * 5 = 20
5 * 5 = 25
6 * 5 = 30
7 * 5 = 35
8 * 5 = 40
9 * 5 = 45
10 * 5 = 50

¿Desea ver otra tabla (s/n)?: s

Introduzca un número entero: -13

La tabla de multiplicar del -13 es:

1 * -13 = -13
2 * -13 = -26
3 * -13 = -39
4 * -13 = -52
5 * -13 = -65
6 * -13 = -78
7 * -13 = -91
8 * -13 = -104
9 * -13 = -117
10 * -13 = -130

¿Desea ver otra tabla (s/n)?: n
```

Solución: anidando un bucle for en un bucle do...while

```
/* Programa: Tabla de multiplicar de un número */

#include <stdio.h>

int main()
{
   char seguir;
   int i, numero;

   do
   {
      printf( "\n   Introduzca un n%cmero entero: ",
              163 );
      scanf( "%d", &numero );

      printf( "\n   La tabla de multiplicar del %d
es:\n", numero );

      for ( i = 1 ; i <= 10 ; i++ )
         printf( "\n   %d * %d = %d",
                 i, numero, i * numero );

      printf( "\n\n   %cDesea ver otra tabla (s/n)?: ",
              168 );
      fflush( stdin );
      scanf( "%c", &seguir );

   } while ( seguir != 'n' );

   return 0;
}
```

Para mostrar la tabla de multiplicar del número introducido por el usuario, se ha utilizado un bucle **for**, ya que, de antemano se sabe que debe iterar 10 veces. Por otra parte, se ha utilizado un bucle **do...while**, debido a que, el bloque de instrucciones que contiene, por lo menos deberá ejecutarse una vez.

63. Suma de números pares e impares

EJERCICIO RESUELTO

Escribir en lenguaje C un programa que:

1º) Pida por teclado un número (dato entero).

2º) Repita el paso 1º, mientras que, el número introducido sea distinto de cero.

3º) Muestre por pantalla la suma de los números pares e impares introducidos por el usuario.

En pantalla se verá, por ejemplo:

```
Introduzca un número entero (0=Fin): 2
Introduzca un número entero (0=Fin): 5
Introduzca un número entero (0=Fin): 13
Introduzca un número entero (0=Fin): 1
Introduzca un número entero (0=Fin): 30
Introduzca un número entero (0=Fin): 0
La suma de los pares es: 12
La suma de los impares es: 19
```

Solución: anidando un `if` dentro de un bucle `while`

```
/* Programa: Suma de números pares e impares */

#include <conio.h>
#include <stdio.h>

int main()
{
   int numero, pares, impares;

   printf( "\n   Introduzca un n%cmero entero (0=Fin): ",
           163 );
   scanf( "%d", &numero );

   pares = 0;
   impares = 0;

   while ( numero != 0 )
   {
      if ( numero % 2 == 0 )
         pares += numero;
      else
         impares += numero;

      printf( "\n   Introduzca un n%cmero entero (0=Fin):
", 163 );
      scanf( "%d", &numero );
   }

   printf( "\n   La suma de los pares es: %d", pares );
   printf( "\n\n   La suma de los impares es: %d",
           impares );

   getch(); /* Pausa */

   return 0;
}
```

Fíjese que, solo en el caso de que el primer número introducido por el usuario sea un cero, el bucle **`while`** no iterará ninguna vez.

64. Multiplicación con sumas sucesivas

EJERCICIO RESUELTO

Escribir en lenguaje C un programa que:

1º) Pida por teclado dos números (datos enteros).

2º) En el caso de que alguno de ellos sea menor que cero, muestre por pantalla el mensaje: "`ERROR: Ambos números deben ser mayores o iguales que cero.`".

En caso contrario, muestre por pantalla el resultado de multiplicar los dos números introducidos por el usuario.

Nota: no se puede utilizar el operador *multiplicación* (*****).

Si por ejemplo se quiere multiplicar los números 3 y 5, en pantalla se verá:

```
Introduzca primer número (entero): 3

Introduzca segundo número (entero): 5

3 * 5 = 15
```

Cuando al menos uno de los números sea menor que cero, se verá:

```
Introduzca primer número (entero): 5

Introduzca segundo número (entero): -2

ERROR: Ambos números deben ser mayores o iguales que cero.
```

Solución: anidando un bucle `while` en un `if`, dentro de otro `if`

```
/* Programa: Multiplicación con sumas sucesivas */

#include <conio.h>
#include <stdio.h>

int main()
{
   int acumulador, contador, n1, n2;

   printf( "\n   Introduzca primer n%cmero (entero): ",
           163 );
   scanf( "%d", &n1 );
   printf( "\n   Introduzca segundo n%cmero (entero): ",
           163 );
   scanf( "%d", &n2 );

   if ( n1 >= 0 && n2 >= 0 )
   {
      acumulador = 0;
      if ( n2 != 0 )
      {
         contador = 1;
         while ( contador <= n1 )
         {
            acumulador += n2;
            contador++;
         }
      }
      printf( "\n   %d * %d = %d", n1, n2, acumulador );
   }
   else
      printf( "\n   ERROR: Ambos n%cmeros deben ser
mayores o iguales que cero.", 163 );

   getch(); /* Pausa */
   return 0;
}
```

65. División entera con restas sucesivas

EJERCICIO RESUELTO

Escribir en lenguaje C un programa que:

1º) Pida por teclado dos números (datos enteros).

2º) En el caso de que alguno de ellos sea menor o igual que cero, muestre por pantalla el mensaje: `"ERROR: Ambos números deben ser mayores que cero."`.

En caso contrario, muestre el resultado de realizar la división entera del primer número introducido por el usuario entre el segundo, y el resto.

Nota: no se puede utilizar el operador *división* (`/`) ni el operador *módulo* (`%`).

Si por ejemplo se quiere dividir el número 49 entre 5, en pantalla se verá:

```
Introduzca dividendo (entero): 49

Introduzca divisor (entero): 5

49 div 5 = 9 ( Resto = 4 )
```

Cuando al menos uno de los números no sea mayor que cero, se verá:

```
Introduzca dividendo (entero): 10

Introduzca divisor (entero): -2

ERROR: Ambos números deben ser mayores que cero.
```

Solución: anidando un bucle while en un if

```
/* Programa: División entera con restas sucesivas */

#include <conio.h>
#include <stdio.h>

int main()
{
   int cociente, dividendo, divisor, resto;

   printf( "\n   Introduzca dividendo (entero): " );
   scanf( "%d", &dividendo );
   printf( "\n   Introduzca divisor (entero): " );
   scanf( "%d", &divisor );

   if ( dividendo > 0 && divisor > 0 )
   {
      cociente = 0;
      resto = dividendo;

      while ( resto >= divisor )
      {
         resto -= divisor;
         cociente++;
      }

      printf( "\n   %d div %d = %d ( Resto = %d )",
              dividendo, divisor, cociente, resto );
   }
   else
      printf( "\n   ERROR: Ambos n%cmeros deben ser
mayores que cero.", 163 );

   getch(); /* Pausa */
   return 0;
}
```

Como se puede ver, el bucle **while** iterará cero veces cuando el usuario introduzca un dividendo menor que el divisor, o cuando introduzca alguno de ellos menor o igual que cero.

66. Números pares o impares (Versión 1)

EJERCICIO RESUELTO

Escribir en lenguaje C un programa que:

1º) Pida por teclado un número (dato entero).

2º) Repita el paso 1º, mientras que, el número introducido sea distinto de cero.

3º) Muestre por pantalla cuántos números pares e impares (sin contar el cero) han sido introducidos por el usuario.

En pantalla se podrá ver, por ejemplo:

```
Introduzca un número entero (0=Fin): 2
Introduzca un número entero (0=Fin): 10
Introduzca un número entero (0=Fin): 35
Introduzca un número entero (0=Fin): 68
Introduzca un número entero (0=Fin): 0
Ha introducido 3 número(s) par(es) y 1 impar(es).
```

Solución

```
/* Programa: Números pares o impares (Versión 1) */

#include <conio.h>
#include <stdio.h>

int main()
{
   int numero, pares, impares;

   printf( "\n   Introduzca un n%cmero entero (0=Fin): ",
           163 );
   scanf( "%d", &numero );

   pares = 0;
   impares = 0;

   while ( numero != 0 )
   {
      if ( numero % 2 == 0 )
         pares++;
      else
         impares++;

      printf( "\n   Introduzca un n%cmero entero (0=Fin):
", 163 );
      scanf( "%d", &numero );
   }

   printf( "\n   Ha introducido %d n%cmero(s) par(es) y
%d impar(es).", pares, 163, impares );

   getch(); /* Pausa */

   return 0;
}
```

67. Números pares o impares (Versión 2)

EJERCICIO RESUELTO

Escribir en lenguaje C un programa que:

1º) Pida por teclado cinco números (datos enteros).

2º) Muestre por pantalla cuántos números pares e impares han sido introducidos por el usuario.

En pantalla se verá algo similar a:

```
Introduzca número entero 1: 2

Introduzca número entero 2: 5

Introduzca número entero 3: 10

Introduzca número entero 4: 13

Introduzca número entero 5: 9015

Ha introducido 2 número(s) par(es) y 3 impar(es).
```

Solución

```
/* Programa: Numeros pares o impares (Versión 2) */

#include <conio.h>
#include <stdio.h>

int main()
{
   int i, numero, pares, impares;

   pares = 0;
   impares = 0;

   for ( i = 1 ; i <= 5 ; i++ )
   {
      printf( "\n   Introduzca n%cmero entero %d: ",
               163, i );
      scanf( "%d", &numero );

      if ( numero % 2 == 0 )
         pares++;
      else
         impares++;
   }

   printf( "\n   Ha introducido %d n%cmero(s) par(es) y
%d impar(es).", pares, 163, impares );

   getch(); /* Pausa */

   return 0;
}
```

68. Números pares o impares (Versión 3)

EJERCICIO RESUELTO

Escribir en lenguaje C un programa que:

1º) Pida por teclado un número (dato entero).

2º) Pregunte al usuario si desea introducir otro o no.

3º) Repita los pasos 1º y 2º, mientras que, el usuario no responda 'n' de (no).

4º) Muestre por pantalla cuántos números pares e impares han sido introducidos por el usuario.

En pantalla:

```
Introduzca un número entero: 10
¿Desea introducir otro número (s/n)?: s
Introduzca un número entero: 35
¿Desea introducir otro número (s/n)?: s
Introduzca un número entero: 242
¿Desea introducir otro número (s/n)?: n
Ha introducido 2 número(s) par(es) y 1 impar(es).
```

Solución

```
/* Programa: Numeros pares o impares (Versión 3) */

#include <conio.h>
#include <stdio.h>

int main()
{
   char seguir;
   int numero, pares, impares;

   pares = 0;
   impares = 0;

   do
   {
      printf( "\n   Introduzca un n%cmero entero: ",
              163 );
      scanf( "%d", &numero );

      if ( numero % 2 == 0 )
         pares++;
      else
         impares++;

      printf( "\n   %cDesea introducir otro n%cmero
(s/n)?: ", 168, 163 );
      fflush( stdin );
      scanf( "%c", &seguir );

   } while ( seguir != 'n' );

   printf( "\n   Ha introducido %d n%cmero(s) par(es) y
%d impar(es).", pares, 163, impares );

   getch(); /* Pausa */

   return 0;
}
```

APÉNDICES

Apéndice A. Constantes

En programación, una constante representa a un valor (dato almacenado en memoria) que no puede cambiar durante la ejecución de un programa.

En C, una constante puede ser de tipo entero, real, carácter, cadena o enumerado.

Las constantes de tipo enumerado se explican en el ***Apéndice B***. En cuanto a las demás, se pueden expresar de dos formas diferentes:

1. Por su valor.

2. Con un nombre (identificador)

EJEMPLO: Las siguientes constantes de tipo entero están expresadas por su valor:

```
-5
10
```

Para expresar una constante con un nombre, la constante debe ser declarada previamente. Todas las constantes que se declaran en un programa son definidas de la misma forma, indicando de cada una de ellas:

1. Su nombre (mediante un identificador).

2. El valor que simboliza (mediante una expresión).

Ahora bien, las constantes que se declaran en un programa escrito en lenguaje C reciben un tratamiento diferente al de la mayoría de los lenguajes de programación.

En C, para representar a las constantes, se utilizan constantes simbólicas.

Una constante simbólica representa (sustituye) a una secuencia de caracteres, en vez de representar a un valor (dato almacenado en memoria) y, por tanto, no se reserva un espacio de memoria para ella.

Para declarar una constante simbólica, en C, se utiliza una directiva del preprocesador:

```
#define <nombre> <secuencia>
```

La directiva **`#define`** indica al preprocesador que debe sustituir, en el código fuente del programa, todas las ocurrencias del nombre de la constante (**`<nombre>`**) por la secuencia de caracteres (**`<secuencia>`**), antes de la compilación.

EJEMPLO: Dos constantes muy habituales son:

```
#define PI 3.141592
#define NUMERO_E 2.718281
```

Nótese que después de la declaración de una constante simbólica no se escribe un carácter *punto y coma* (`;`), como sí se debe hacer al declarar una variable.

Por otra parte, no se puede declarar más de una constante simbólica en una misma línea de código.

EJEMPLO: Para declarar las constantes simbólicas **`PI`** y **`NUMERO_E`**, no se puede escribir:

```
#define PI 3.141592, NUMERO_E 2.718281
```

Por otra parte, en C, es posible declarar una variable indicando que su valor es inalterable. Para ello, se utiliza el *cualificador* **`const`**.

EJEMPLO: Uso de **`const`**:

```
const int temperatura = -5;
```

En el ejemplo, se ha declarado la variable entera **`temperatura`** inicializada al valor **`-5`** y, por medio de **`const`**, que es una palabra reservada, se ha indicado que su valor no puede cambiar durante la ejecución del programa. En cierta manera, la variable **`temperatura`** está simulando a una constante.

Apéndice B. Datos de tipos enumerados

Un **dato de un tipo enumerado** es aquel que puede tomar por valor uno de los pertenecientes a una lista ordenada de valores definida por el programador.

EJEMPLO: El color de un semáforo puede ser uno de los siguientes:

```
{ rojo, verde, amarillo }
```

EJEMPLO: Otro ejemplo de dato enumerado puede ser la dirección en la que se mueve un coche. Los valores podrían ser:

```
{ norte, sur, este, oeste }
```

Declaración de tipos enumerados

La sintaxis para declarar un tipo de dato enumerado es:

```
enum <tipo_de_dato> {
<constante_1> [ = <valor_1> ],
<constante_2> [ = <valor_2> ],
...,
<constante_n> [ = <valor_n> ]
};
```

Como se puede apreciar, los valores de la lista se representan por medio de identificadores de constantes.

EJEMPLO: Para declarar el tipo enumerado **`direcciones`**, se debe escribir:

```
enum direcciones { NORTE, SUR, ESTE, OESTE };
```

La lista de constantes está ordenada, y cada una de ellas representa a un valor entero empezando por el cero (**0**), e incrementándose de uno en uno. De manera que, las constantes declaradas representan a los valores enteros {**0**, **1**, **2**, **3**}.

NORTE representa al valor **0**.

SUR representa al valor **1**.

ESTE representa al valor **2**.

OESTE representa al valor **3**.

Pero, dichos valores pueden ser diferentes si así se indica en la declaración.

EJEMPLO: Se puede escribir:

```
enum direcciones { NORTE = -2, SUR, ESTE, OESTE };
```

En este caso, las constantes declaradas representan a los valores {**-2**, **-1**, **0**, **1**}, ya que a partir de la asignación **NORTE = -2**, las demás constantes de la lista toman valores incrementándose de uno en uno.

NORTE representa al valor **-2**.

SUR representa al valor **-1**.

ESTE representa al valor **0**.

OESTE representa al valor **1**.

EJEMPLO: También se puede escribir, por ejemplo:

```
enum direcciones { NORTE, SUR, ESTE = 4, OESTE };
```

Ahora, las constantes declaradas representan a los valores {**0**, **1**, **4**, **5**}.

NORTE representa al valor **0**.

SUR representa al valor **1**.

ESTE representa al valor **4**.

ESTE representa al valor **5**.

NORTE es la primera constante de la lista, en consecuencia, representa al valor **0**. Después, **SUR** representa al valor **1**. Pero, a **ESTE**, que debería representar al valor **2**, se le ha asignado el valor **4** en la declaración, de manera que, **OESTE** representa al valor **5**.

Si después hubiese otra constante en la lista, representaría al valor **6**, y así sucesivamente.

Variables de tipos enumerados

Una variable de un tipo enumerado representa a un espacio de memoria en donde se puede almacenar un dato de un tipo enumerado.

EJEMPLO: Dadas las declaraciones:

```
enum direcciones { NORTE, SUR, ESTE, OESTE };

enum direcciones direccion_de_un_coche;
```

direccion_de_un_coche es una variable del tipo enumerado **direcciones**.

Por tanto, en el espacio de memoria representado por la variable se podrá almacenar uno de los valores {**0**, **1**, **2**, **3**}.

Las declaraciones de este ejemplo se pueden combinar de la forma siguiente:

```
enum direcciones { NORTE, SUR, ESTE, OESTE }
direccion_de_un_coche;
```

También se pueden combinar prescindiendo del nombre (identificador) del tipo de dato enumerado.

```
enum { NORTE, SUR, ESTE, OESTE } direccion_de_un_coche;
```

Varias variables del mismo tipo de dato enumerado se pueden declarar de diferentes formas. A continuación, se muestran algunos ejemplos:

```
enum direcciones { NORTE, SUR, ESTE, OESTE };

enum direcciones direccion_de_un_coche;
enum direcciones direccion_de_un_avion = SUR;
enum direcciones direccion_de_un_camion;
```

```
enum direcciones { NORTE, SUR, ESTE, OESTE };

enum direcciones direccion_de_un_coche,
direccion_de_un_avion = SUR, direccion_de_un_camion;
```

```
enum direcciones { NORTE, SUR, ESTE, OESTE }
direccion_de_un_coche, direccion_de_un_avion = SUR,
direccion_de_un_camion;
```

```
enum { NORTE, SUR, ESTE, OESTE } direccion_de_un_coche,
direccion_de_un_avion = SUR, direccion_de_un_camion;
```

Apéndice C. Especificadores de formato

En lenguaje C se pueden utilizar los siguientes especificadores de formato:

%c *Carácter.*

%d *Número entero decimal con signo.*

%e *En* **printf** *muestra un número en notación científica con* **e** *minúscula. En* **scanf** *lee un número en coma flotante.*

%E *En* **printf** *muestra un número en notación científica con* **E** *mayúscula. En* **scanf** *lee un número en coma flotante.*

%f *Número real en coma flotante.*

%g *En* **printf** *muestra un número real en coma flotante* **f** *o en notación científica con* **e** *minúscula, en función de la magnitud del valor. En* **scanf** *lee un número en coma flotante.*

%G *En* **printf** *muestra un número real en coma flotante* **f** *o en notación científica con* **E** *mayúscula, en función de la magnitud del valor. En* **scanf** *lee un número en coma flotante.*

%i *En* **printf** *muestra un número entero decimal con signo. En* **scanf** *lee un número entero decimal, octal o hexadecimal con signo.*

%n *En* **printf** *puntero a entero donde se almacena el número de caracteres escritos hasta ese momento con* **printf**. *En* **scanf** *almacena el número de caracteres ya leídos.*

%o *Número entero octal sin signo.*

%p *Puntero (dirección de memoria).*

%u *Número entero decimal sin signo.*

%s *Cadena de caracteres.*

%x *Número entero hexadecimal sin signo con letras minúsculas.*

%X *Número entero hexadecimal sin signo con letras mayúsculas.*

%% *En* **printf** *muestra el carácter porcentaje* (%). *En* **scanf** *lee un carácter porcentaje.*

%[] *En* **scanf** *permite establecer un conjunto de exploración de caracteres que restringirán los caracteres que se podrán leer.*

Apéndice D. Función fflush

EJEMPLO: Si ejecutamos el siguiente programa:

```
#include <stdio.h>

int main()
{
   int a, b;

   printf( "Introduzca el primer n%cmero: ", 163 );
   scanf( "%d", &a );

   printf( "Introduzca el segundo n%cmero: ", 163 );
   scanf( "%d", &b );

   printf( "Los valores son: %d, %d ", a, b );

   return 0;
}
```

Por pantalla veremos algo parecido a:

```
Introduzca el primer número: 25
Introduzca el segundo número: 49
Los valores son: 25, 49
```

Obsérvese que, cuando se ejecuta la función **scanf**, por ejemplo, en la primera vez:

```
scanf( "%d", &a );
```

El programa se detiene a la espera de que el usuario teclee el dato de entrada requerido, el cual es almacenado temporalmente en el *buffer* (memoria intermedia) de la entrada estándar. Y cuando se pulsa la tecla

INTRO, es –en ese momento– cuando a la variable **a** se le asigna el valor introducido. Pero, además, se produce un salto de línea automático, de forma que, después de introducir el número 25, la siguiente instrucción se muestra una línea más abajo. De igual forma, después de la instrucción:

```
scanf( "%d", &b );
```

También se produce un salto de línea automático. En este ejemplo todo ha ido muy bien. Sin embargo, se tiene que tener especial cuidado si utilizamos **scanf** para leer caracteres.

EJEMPLO: En el siguiente programa:

```
#include <stdio.h>

int main()
{
   char a, b, c;

   printf( "Introduzca primer car%ccter: ", 160 );
   scanf( "%c", &a );

   printf( "Introduzca segundo car%ccter: ", 160 );
   scanf( "%c", &b );

   printf( "Introduzca tercer car%ccter: ", 160 );
   scanf( "%c", &c );

   printf( "Los valores son: %c, %c, %c ", a, b, c );
   return 0;
}
```

Por pantalla se verá algo similar a:

```
Introduzca primer carácter: b
Introduzca segundo carácter: Introduzca tercer carácter: x
Los valores son: b,
, x
```

En esta ocasión, ¿por qué no se ejecuta correctamente la segunda vez que se invoca a la función **scanf**?

```
scanf( "%c", &b );
```

El motivo es porque, cuando se ejecuta la primera instrucción de entrada:

```
scanf( "%c", &a );
```

Después de asignar el carácter **'b'** a la variable **a**, se produce el salto de línea automático, pero en el *buffer* del teclado también se ha quedado almacenada la secuencia de escape (**\n**), que es precisamente un carácter. En consecuencia, cuando se ejecuta la instrucción:

```
scanf( "%c", &b );
```

A la variable **b** se le asigna el salto de línea almacenado en el *buffer* de la entrada estándar, y la ejecución del programa continua con la siguiente instrucción. Ahora, el *buffer* vuelve a estar vacío y, por tanto, la entrada de la variable **c** sí que se ejecuta de forma correcta.

Para comprobar que esto es así, podemos sustituir la instrucción:

```
printf( "Los valores son: %c, %c, %c ", a, b, c );
```

Por esta otra:

```
printf( "Los valores son: %d, %d, %d ", a, b, c );
```

En pantalla veremos:

```
Introduzca primer carácter: b
Introduzca segundo carácter: Introduzca tercer carácter: x
Los valores son: 98, 10, 120
```

Los números 98, 10 y 120 corresponden respectivamente a los caracteres 'b', LF (Salto de Línea) y 'x' en ASCII.

Para resolver este problema, antes de leer un carácter con **scanf**, hay que vaciar (limpiar) el *buffer* del teclado. Para ello, se utiliza la función **fflush**.

EJEMPLO: De forma que, el código quedaría de la siguiente manera:

```
#include <stdio.h>

int main()
{
   char a, b, c;

   printf( "Introduzca primer car%ccter: ", 160 );
   scanf( "%c", &a );

   printf( "Introduzca segundo car%ccter: ", 160 );
   fflush( stdin );
   scanf( "%c", &b );

   printf( "Introduzca tercer car%ccter: ", 160 );
   fflush( stdin );
   scanf( "%c", &c );

   printf( "Los valores son: %c, %c, %c ", a, b, c );

   return 0;
}
```

La primera vez que se ejecuta **scanf**, el *buffer* del teclado está vació, por tanto, no es preciso utilizar **fflush**, pero sí, en los dos casos posteriores. Obsérvese que a **fflush** hay que indicarle el *buffer* a limpiar, *Standar Input* (**stdin**) en este caso.

Apéndice E. Función `printf`

La función **`printf`** permite llevar hacia la salida estándar (la pantalla) los valores (datos) obtenidos de la evaluación de una lista de argumentos. La sintaxis de su llamada es:

```
printf( <cadena_de_control> [, <lista_de_argumentos> ] )
```

Obsérvese que la ***<lista_de_argumentos>*** es opcional escribirla.

En programación, los **argumentos** (también llamados *parámetros*) se emplean para transferir datos de un programa (o subprograma) llamante a otro llamado, y viceversa (del llamado al llamante).

Cuando desde un programa llamante se invoca a la función **`printf`**, a esta se le pasa una lista de argumentos (expresiones). Los valores (datos) obtenidos de la evaluación de esa lista de expresiones son los que se van a mostrar por la pantalla. También la ***<cadena_de_control>*** es un argumento. En ella, el programador debe indicar el formato de salida de los datos que se van a mostrar por pantalla. Para ello, se puede hacer uso de texto ordinario (texto normal), especificadores de formato y secuencias de escape.

La ***<cadena_de_control>*** es –en sí misma– una cadena de caracteres, que se debe escribir entre comillas dobles (").

Texto ordinario

El **texto ordinario** es texto normal y corriente, a diferencia de los especificadores de formato y de las secuencias de escape, que se les considera texto especial.

EJEMPLO: En la llamada a la función **`printf`** del ejemplo *1. Hola mundo*, la cadena de control solo contenía texto ordinario:

```
/* Programa: Hola mundo */

#include <conio.h>
#include <stdio.h>

int main()
{
   printf( "Hola mundo." );

   getch(); /* Pausa */

   return 0;
}
```

Nótese que, en este ejemplo, a la función **printf** no se le pasa ningún argumento, a parte de la cadena de control.

Especificadores de formato

Cuando a la función **printf** se le pase una lista de argumentos (expresiones), se debe escribir un especificador de formato por cada argumento.

En la función **printf**, los **especificadores de formato** establecen el formato de salida por pantalla de los argumentos. La forma más sencilla de escribir un especificador de formato es con el carácter *porcentaje* (%) seguido de un *carácter de conversión* que indique el tipo de dato del argumento. Algunos de los especificadores de formato más utilizados en la función **printf** son:

%c	*Salida de un carácter.*
%d	*Salida de un número entero decimal con signo.*
%f	*Salida de un número real en coma flotante.*
%s	*Salida de una cadena de caracteres.*

EJEMPLO: Dada la constante simbólica:

```
#define NOMBRE "Vicente"
```

Si escribimos:

```
printf( "Hola %s.", NOMBRE );
```

Por pantalla se verá:

```
Hola Vicente.
```

El especificador de formato (**%s**) escrito en la cadena de control, indica que, por pantalla, se va a mostrar un dato de tipo cadena en ese lugar. En este caso: "**Vicente**".

EJEMPLO: Si se ejecuta el programa:

```
#include <stdio.h>

int main()
{
   char nombre[8] = "Vicente";

   int hermanos = 4, sobrinos = 11;

   printf( "%s tiene %d hermanos y %d sobrinos.",
           nombre, hermanos, sobrinos );

   return 0;
}
```

Por pantalla se verá:

```
Vicente tiene 4 hermanos y 11 sobrinos.
```

En la cadena de control del ejemplo, los especificadores de formato (**%s**), (**%d**) y (**%d**) indican que, en esos lugares, y en dicho orden, va a aparecer un dato de tipo cadena, un dato de tipo entero y otro dato de tipo entero, respectivamente. En este caso, se muestran los valores **"Vicente"**, **4** y **11**.

Cada especificador de formato de la cadena de control se hace corresponder con un argumento (expresión), en el mismo orden de aparición, de izquierda a derecha. En el caso de que existan más argumentos que especificadores de formato, los "sobrantes" son ignorados.

EJEMPLO: Del código:

```
#include <stdio.h>

int main()
{
   printf( "%c : %c : %c", '1', '2', '3', '4', '5' );
   return 0;
}
```

La salida por pantalla es:

```
1 : 2 : 3
```

Por el contrario, si existen menos argumentos que especificadores de formato, en pantalla se mostrarán datos inverosímiles.

EJEMPLO: Al escribir el código:

```
#include <stdio.h>

int main()
{
   printf( "%s : %d : %c : %f" );
   return 0;
}
```

Por pantalla veremos algo parecido a:

```
(null) : 1245112 : = : 0.000000
```

En el ***Apéndice C*** se muestra una lista de los especificadores de formato que se pueden utilizar en lenguaje C.

Secuencias de escape

Una **secuencia de escape** siempre representa a un carácter del ASCII. Dichos caracteres se pueden clasificar en:

· Gráficos (se corresponden con los símbolos más usados para escribir por los humanos).

· No gráficos (representan a acciones, como por ejemplo, mover el cursor de la pantalla al principio de la línea siguiente).

La forma más sencilla de escribir una secuencia de escape es con el carácter *barra invertida* (\), seguido de un carácter especial.

Por tanto, cuando en la cadena de control de la función **printf** se escriba una secuencia de escape, o bien se mostrará un carácter gráfico por pantalla, o bien se realizará una acción. Algunas de las secuencias de escape más utilizadas en C son:

`\n` *(Nueva línea) Mueve el cursor al principio de la línea siguiente.*

`\t` *(Tabulador horizontal) Mueve el cursor a la posición siguiente del tabulador horizontal.*

`\"` *(Comilla doble) Muestra el carácter comilla doble.*

`\\` *(Barra invertida) Muestra el carácter barra invertida.*

En Windows, la pantalla (de la consola) está compuesta por 25 filas (líneas) y 80 columnas, es decir, en pantalla se pueden visualizar 2000 caracteres a la vez (25*80). Normalmente, al ejecutar un programa escrito en C, el cursor se posiciona (por defecto) en la primera columna de la primera fila.

```
_ (cursor)
```

A partir de esa posición, se mostrarán por pantalla los datos de salida de dicho programa.

EJEMPLO: Si se escribe:

```
#include <stdio.h>

int main()
{
   printf( "uno dos tres" );
   return 0;
}
```

Tal cual está escrita la función **`printf`**, por pantalla se verá el texto "`uno dos tres`" pegado a la esquina superior izquierda de la misma.

```
uno dos tres
```

Sin embargo, si deseamos visualizar dicho texto en otro lugar de la pantalla, por ejemplo, en la segunda línea:

```

uno dos tres
```

Esto se puede conseguir haciendo uso de la secuencia de escape *nueva línea* (**`\n`**), también llamada *salto de línea.*

```
printf( "\nuno dos tres" );
```

Partiendo de que, inicialmente, el cursor se encuentre en la primera columna de la primera fila, es decir, en la esquina superior izquierda de la pantalla, la secuencia de escape *nueva línea* (**\n**) lo moverá al principio de la segunda fila y, a continuación, se escribirá el texto "uno dos tres".

Obsérvese que, los caracteres que forman la secuencia de escape, (\) y (**n**), no aparecen en pantalla.

La instrucción anterior hace lo mismo que las dos siguientes:

```
printf( "\n" );
printf( "uno dos tres" );
```

EJEMPLO: Si por pantalla se quiere ver:

```
uno
dos
tres
```

Se puede escribir:

```
printf( "uno\ndos\ntres" );
```

El proceso de ejecución de esta instrucción es el siguiente: justo en la esquina superior izquierda de la pantalla (primera línea) se muestra el texto "uno". Después, una secuencia de escape *nueva línea* (**\n**) mueve el cursor al principio de la línea siguiente (segunda línea), en donde se visualiza el texto "dos". Posteriormente, otra secuencia de escape *nueva línea* (**\n**) vuelve a mover el cursor al principio de la línea siguiente (tercera línea) y, finalmente, se muestra el texto "tres".

La instrucción anterior es equivalente a:

```
printf( "uno" );
printf( "\ndos" );
printf( "\ntres" );
```

Igualmente, se podría escribir:

```
printf( "uno\n" );
printf( "dos\n" );
printf( "tres" );
```

EJEMPLO: Para visualizar:

```
   uno dos tres
```

Se puede escribir:

```
printf( "\n   uno dos tres" );
```

EJEMPLO: Y para mostrar:

```
   uno
   dos
   tres
```

Escribiremos, por ejemplo:

```
printf( "\n   uno\n   dos\n   tres" );
```

La secuencia de escape *tabulador horizontal* (**\t**) mueve el cursor a la posición siguiente del tabulador horizontal de la pantalla. Entre cada posición hay ocho caracteres, por tanto, dichas posiciones están en las columnas 1, 9, 17, 25, 33, 41, 49, 57, 65 y 73.

EJEMPLO: De la instrucción:

```
printf( "diez\tveinte\ttreinta" );
```

Se obtiene por pantalla:

```
diez    veinte  treinta
```

Obsérvese que, la `d` (de `diez`), la `v` (de `veinte`) y la primera `t` (de `treinta`) están en las posiciones del tabulador horizontal 1, 9 y 17, respectivamente. Gráficamente, representando los espacios en blanco mediante guiones (-), en pantalla se muestra:

```
diez----veinte--treinta
```

Entre el carácter `d` (de `diez`) y la `v` (de `veinte`) hay exactamente ocho caracteres (la `v` no se cuenta), al igual que entre la `v` (de `veinte`) y la primera `t` (de `treinta`).

EJEMPLO: Para ver:

```
---a-------b-------c
```

Se puede escribir:

```
printf( "\n   a       b       c" );
```

O también:

```
printf( "\n   a\t   b\t   c" );
```

Las secuencias de escape *comilla doble* (\") y *barra invertida* (\\) sirven para mostrar por la pantalla los caracteres *comilla doble* (") y *barra invertida* (\), respectivamente.

EJEMPLO: Al escribir:

```
printf( "\n\t\t\"35 ESCALONES\"" );
```

En la segunda línea de la pantalla se mostrará, a partir de la tercera posición del tabulador horizontal (columna 17), lo siguiente:

```
                "35 ESCALONES"
```

```
----------------"35 ESCALONES"
```

El mismo resultado se obtiene escribiendo:

```
printf( "\n\t\t\"%d ESCALONES\"", 35 );
```

```
printf( "\n\t\t%s", "\"35 ESCALONES\"" );
```

```
printf( "\n\t\t%s%d%s", "\"", 35, " ESCALONES\"" );
```

En el ***Apéndice N*** se muestra una lista de las secuencias de escape que se pueden utilizar en lenguaje C.

Apéndice F. Función `scanf`

La función **`scanf`** permite asignar a una o más variables, uno o más valores (datos) recibidos desde la entrada estándar (el teclado). La sintaxis de su llamada es:

```
scanf( <cadena_de_control>, <lista_de_argumentos> )
```

En la ***<cadena_de_control>*** el programador debe indicar el formato de entrada de los datos que se van a recoger por teclado. Para ello, se puede hacer uso de especificadores de formato.

Especificadores de formato

En la función **`scanf`**, por cada argumento (variable) que se le pase, se debe escribir un especificador de formato, que establecerá el formato de entrada por teclado del argumento.

La forma más sencilla de escribir un especificador de formato en la función **`scanf`** es con el carácter *porcentaje* (`%`) seguido de un **carácter de conversión** que indique el tipo de dato del argumento.

Algunos de los especificadores de formato más utilizados en la función **`scanf`** son:

`%c`	*Entrada de un carácter.*
`%d`	*Entrada de un número entero decimal con signo.*
`%f`	*Entrada de un número real en coma flotante.*
`%s`	*Entrada de una cadena de caracteres.*

EJEMPLO: Dado el programa:

```
#include <stdio.h>

int main()
{
   int numero;

   printf( "\n   Introduzca un n%cmero entero: ", 163 );
   scanf( "%d", &numero );

   return 0;
}
```

En la memoria se reservará espacio para la variable **numero**. Y si el usuario teclea, por ejemplo, un 5, en pantalla se verá:

```
Introduzca un número entero: 5
```

Puesto que la variable **numero** es de tipo entero, en la cadena de control se tiene que escribir el especificador de formato asociado a la entrada de un número entero (**%d**).

En el ***Apéndice C*** se muestra una lista de los especificadores de formato que se pueden utilizar en lenguaje C.

Por otro lado, la variable **numero** se ha escrito precedida del carácter *ampersand* (**&**). Se trata de un operador llamado operador *dirección* (**&**), el cual siempre actúa sobre un operando (normalmente una variable) y, de su evaluación, se obtiene la dirección de memoria de dicha variable.

Una variable representa a un espacio de memoria en el cual se puede almacenar un dato. Pues bien, en realidad, a la función **scanf** no se le pasa una lista de variables, sino, las direcciones de memoria de los espacios de memoria a los que representan dichas variables.

Para todas las variables declaradas en un programa se reservan espacios de memoria en donde se almacenarán datos. La memoria del computador está dividida en celdas numeradas de forma consecutiva, por lo que, cada una de ellas tiene una dirección (un número). Un dato puede necesitar una o más celdas de memoria. Así pues, en este ejemplo, la expresión **&numero** hace referencia a la primera celda donde se va a almacenar el valor **5** introducido por el usuario. La dirección de memoria de la variable numero podría ser, por ejemplo, **0012FF88**. En informática, las direcciones de memoria suelen representarse con números hexadecimales.

El operador *dirección* (**&**) entra dentro de la categoría de operadores monarios y, siguiendo con el ejemplo, de la evaluación de la expresión **&numero** se obtiene el valor **0012FF88**, que es la dirección de memoria de la variable **numero**. Esa dirección la necesita conocer la función **scanf** para localizar la primera celda del espacio de memoria en donde se va a almacenar el **5** introducido por el usuario.

La dirección de memoria de la variable **numero** se puede visualizar en pantalla escribiendo:

```
printf( "%p", &numero );
```

Puesto que de la expresión **&numero** se obtiene una dirección de memoria, en la cadena de control de la función **printf** se tiene que escribir el especificador de formato asociado a la salida de una dirección de memoria, (**%p**).

Ahora bien, aunque para conocer la dirección de memoria de una variable, se puede utilizar el operador *dirección* (**&**), hay que saber que esta regla no es general. Por ejemplo, no es aplicable a las variables (arrays) de tipo cadena.

EJEMPLO: Si se desea desarrollar un programa para leer un nombre de persona:

```
Introduzca nombre: Vicente
```

Se puede escribir:

```
#include <stdio.h>

int main()
{
   char nombre[8];

   printf( "\n   Introduzca nombre: " );
   scanf( "%s", nombre );

   return 0;
}
```

Obsérvese que, a la función scanf se le *"pasa"* **nombre** en vez de **&nombre**. Esto es así, ya que, para las variables de tipo cadena (arrays de caracteres), su propio identificador (**nombre**, en este caso) ya hace referencia a la dirección de memoria donde se va a almacenar el dato. Más concretamente, hace referencia al espacio reservado en memoria para guardar el primer carácter de la cadena. Para el resto de caracteres de la cadena, el sistema habrá reservado, en memoria, espacios contiguos al primero.

Nótese que, en este ejemplo, la variable **nombre** ha sido declarada con un tamaño de ocho caracteres. Por consiguiente, con este programa solo se podrá almacenar en memoria un nombre de persona de hasta siete caracteres, ya que, en el octavo debe guardarse el carácter nulo (**\0**).

Apéndice G. Función `strcat`

Para concatenar cadenas en C, se puede utilizar la función **`strcat`**, que está disponible en su biblioteca estándar.

La sintaxis de una llamada a **`strcat`** es:

```
strcat( <cadena_destino>, <cadena_fuente> )
```

La función **`strcat`** añade el contenido de la ***<cadena_fuente>*** a la ***<cadena_destino>***.

EJEMPLO: Dadas las siguientes declaraciones de arrays de caracteres:

```
char nombre[12] = "Vicente", apellido[4] = "Pes";
```

Almacenando en memoria:

`'V'` en **`nombre[0]`**.
`'i'` en **`nombre[1]`**.
`'c'` en **`nombre[2]`**.
`'e'` en **`nombre[3]`**.
`'n'` en **`nombre[4]`**.
`'t'` en **`nombre[5]`**.
`'e'` en **`nombre[6]`**.
`'\0'` en **`nombre[7]`**.

`'P'` en **`apellido[0]`**.
`'e'` en **`apellido[1]`**.
`'s'` en **`apellido[2]`**.
`'\0'` en **`apellido[3]`**.

Es posible escribir la expresión:

```
strcat( nombre, apellidos )
```

Al ejecutarse la función **strcat**, el contenido del array **apellido** se concatenará (añadirá) al array **nombre**:

'V' en **nombre[0]**.
'i' en **nombre[1]**.
'c' en **nombre[2]**.
'e' en **nombre[3]**.
'n' en **nombre[4]**.
't' en **nombre[5]**.
'e' en **nombre[6]**.
'P' en **nombre[7]**.
'e' en **nombre[8]**.
's' en **nombre[9]**.
'\0' en **nombre[10]**.

El contiendo del array **apellido** seguirá siendo:

'P' en **apellido[0]**.
'e' en **apellido[1]**.
's' en **apellido[2]**.
'\0' en **apellido[3]**.

La declaración de la función **strcat** se encuentra en el archivo de cabecera **string.h**. Por tanto, para poder usar dicha función en un programa, hay que escribir:

```
#include <string.h>
```

Apéndice H. Función `strcpy`

En lenguaje C, para asignar una expresión de cadena a un array de caracteres, no se puede utilizar el operador de asignación (=). Para ello, se puede utilizar la función **strcpy**, que está disponible en la biblioteca estándar de C.

La sintaxis de una llamada a **strcpy** es:

```
strcpy( <variable_destino>, <cadena_fuente> )
```

La función **strcpy** copia el contenido de la ***<cadena_fuente>*** en la **<variable_destino>**, siendo esta un array de caracteres.

EJEMPLO: Habiendo declarado el siguiente array de caracteres:

```
char ciudad[10];
```

Es posible escribir:

```
strcpy( ciudad, "Madrid" );
```

Por tanto, en memoria tendremos:

'M' en **ciudad[0]**.
'a' en **ciudad[1]**.
'd' en **ciudad[2]**.
'r' en **ciudad[4]**.
'i' en **ciudad[5]**.
'd' en **ciudad[6]**.
'\0' en **ciudad[7]**.

La declaración de la función **strcpy** se encuentra en el archivo de cabecera **string.h**. Por tanto, para poder usar dicha función en un programa, hay que escribir:

```
#include <string.h>
```

Apéndice I. Guía básica de uso de Dev-C++

Para probar todos los ejemplos y ejercicios resueltos en este libro, se puede utilizar Dev-C++, que es software libre y se puede descargar en la siguiente dirección:

https://sourceforge.net/projects/orwelldevcpp/

A continuación, se explica (paso a paso) cómo utilizar Dev-C++ en Windows para –una vez instalado en la computadora– editar, compilar y ejecutar un programa escrito en lenguaje C:

Paso 1: Iniciar Dev C++

Inicio > Todos los programas > Bloodshed Dev-C++ > Dev-C++

Paso 2: Crear archivo nuevo

Archivo > Nuevo > Código fuente

Paso 3: Guardar como...

Archivo > Guardar Como...

Seleccionar carpeta. Por ejemplo: ***C:\programas-c*** o ***C:\c***

Introducir el nombre del archivo. Por ejemplo: ***hola-mundo*** (sin extensión)

Seleccionar tipo *"C source files (*.c)"*.

Pulsar el botón de *Guardar*.

Paso 4: Editar

Teclear el código fuente del programa. Por ejemplo:

```
/* Programa: Hola mundo */

#include <conio.h>
#include <stdio.h>

int main()
{
   printf( "Hola mundo." );

   getch(); /* Pausa */

   return 0;
}
```

Paso 5: Compilar

Ejecutar > Compilar

Si no hay fallos, en pantalla se mostrará que el resultado de la compilación es ***Errors: 0*** y ***Warnings: 0***.

Paso 6: Ejecutar

Ejecutar > Ejecutar

En la pantalla se verá:

```
Hola mundo.
```

Paso 7: Salir

Archivo > Salir

Paso 8: Ver archivos

El código fuente estará, por ejemplo, en: ***C:\c\hola-mundo.c***

El archivo ejecutable, en este caso, será: ***C:\c\hola-mundo.exe***

Apéndice J. Identificadores

La mayoría de los elementos de un programa se diferencian entre sí por su nombre, tales como: **`int`**, **`main`**, **`printf`**, **`return`**, etc. Cada uno de ellos es un identificador.

Un identificador es el nombre que se le da a un elemento de un programa. Por ejemplo, el tipo de dato **`int`** (entero) hace referencia a un tipo de dato que es distinto a todos los demás tipos de datos, es decir, los valores que puede tomar un dato de tipo entero, no son los mismos que los que puede tomar un dato de otro tipo.

Algunos identificadores (como **`int`** o **`return`**) están predefinidos, forman parte del lenguaje C. No obstante, en un programa también pueden existir identificadores definidos por el programador. Por ejemplo, un programa puede utilizar variables y constantes definidas por el programador.

En C, a la hora de asignar un nombre a un elemento de un programa, se debe de tener en cuenta que todo identificador debe cumplir las siguientes reglas de sintaxis:

1. Consta de uno o más caracteres.

2. El primer carácter debe ser una letra o el carácter *subrayado* "_", mientras que, todos los demás pueden ser letras, dígitos o el carácter *subrayado* "_". Las letras pueden ser minúsculas o mayúsculas del alfabeto inglés. Así pues, no está permitido el uso de las letras 'ñ' y 'Ñ'.

3. No pueden existir dos identificadores iguales, es decir, dos elementos de un programa no pueden nombrarse de la misma forma. Lo cual no quiere decir que un identificador no pueda aparecer más de una vez en un programa.

De la segunda regla se deduce que un identificador no puede contener caracteres especiales, salvo el carácter *subrayado* "_".

Es importante resaltar que las vocales no pueden llevar tilde ni diéresis.

EJEMPLO: Algunos identificadores válidos que pueden ser definidos por el programador son:

```
Numero

dia_del_mes

T4

_ciudad

FJD
```

EJEMPLO: Los siguientes identificadores no son válidos por incumplir la segunda regla:

```
3527

_ESTACIÓN_DE_TREN

informe*

box de urgencias

año
```

EJEMPLO: Los siguientes identificadores no pueden ser definidos por el programador:

```
int

return
```

`int` y **`return`** son identificadores predefinidos (ya existen), por tanto, no pueden ser definidos por el programador, en cumplimiento de la tercera regla.

Los identificadores son sensibles a minúsculas y mayúsculas.

EJEMPLO: **`Mes`** y **`mes`** son considerados identificadores distintos.

Es aconsejable que los identificadores tengan un significado afín a lo que representan.

Apéndice K. Instrucciones de salto

Las instrucciones de control de salto (en especial la instrucción **goto**) son un lastre de los orígenes de la programación. De hecho, en programación estructurada, todos los programas se pueden escribir utilizando tres tipos de estructuras de control:

· Secuencial.
· De selección (alternativas).
· De iteración (repetitivas).

Así pues, todos los programas que utilizan instrucciones de salto, pueden ser reescritos sin hacer uso de ellas, y aunque casi todos los lenguajes de programación permiten codificar las instrucciones de salto, el hacer uso de ellas se considera una práctica de programación pobre y nefasta.

De modo que, en este apéndice se van a estudiar las instrucciones de control de salto, las ventajas de no hacer uso de ellas y cómo se pueden reescribir los programas que las usan.

Las **instrucciones de control de salto** permiten realizar saltos en el flujo de control de un programa, es decir, permiten transferir el control del programa, alterando bruscamente el flujo de control del mismo. En C, existen las siguientes instrucciones de salto:

· Interrumpir (**break**).
· Continuar (**continue**).
· Ir a (**goto**).
· Volver (**return**).

Cuando en un programa se utiliza una instrucción de salto, la secuencia normal de su ejecución se rompe, transfiriéndose el control del programa a otro lugar dentro del mismo.

Interrumpir (break)

En leguaje C, la instrucción de salto **break** se usa para interrumpir (romper) la ejecución normal de un bucle, es decir, la instrucción **break** finaliza (termina) la ejecución de un bucle y, por tanto, el control del programa se transfiere (salta) a la primera instrucción después del bucle. Su sintaxis es:

```
break;
```

EJEMPLO: Dado el siguiente programa:

```
#include <stdio.h>

int main()
{
   int n, a;

   a = 0;
   do
   {
      printf( "Introduzca un n%cmero entero: ", 163 );
      scanf( "%d", &n );

      if ( n == 0 )
      {
         printf( "ERROR: El cero no tiene opuesto.\n" );
         break;
         /* En el caso de que n sea cero,
            el bucle se interrumpe. */
      }
      printf( "El opuesto es: %d\n", -n );
      a += n;
   } while ( n >= -10 && n <= 10 );

   printf( "Suma: %d", a );

   return 0;
}
```

Este código puede ser la solución al problema siguiente:

Escribir un programa que:

1º) Pida por teclado un número (dato entero).

2º) Si el número introducido por el usuario es distinto de cero, muestre por pantalla el mensaje: `"El opuesto es: <-número>"`.

3º) Repita los pasos 1º y 2º, mientras que, el usuario introduzca un número mayor o igual que -10 y menor o igual que 10.

Pero, si el usuario introduce un cero, el bucle también finaliza, mostrándose por pantalla el mensaje: `"ERROR: El cero no tiene opuesto."`.

4º) Muestre por pantalla la suma de los números introducidos por el usuario.

En pantalla se podrá ver, por ejemplo:

```
Introduzca un número entero: 12
El opuesto es: -12
Suma: 12
```

En este caso, el bucle ha finalizado porque la condición (`n >= -10 && n <= 10`) es ***falsa***, ya que 12 no es mayor o igual que -10 y menor o igual que 10.

Sin embargo, el bucle también puede finalizar, no porque sea ***falsa*** la condición (`n >= -10 && n <= 10`), sino porque se ejecute la instrucción **`break`**. Esto ocurrirá cuando el usuario introduzca un cero. Por ejemplo:

```
Introduzca un número entero: 5
El opuesto es: -5
Introduzca un número entero: -3
El opuesto es: 3
Introduzca un número entero: 0
ERROR: El cero no tiene opuesto.
Suma: 2
```

Normalmente, cuando en un bucle se utiliza una instrucción **break**, la ejecución de esta se condiciona.

En el ejemplo, el bucle se interrumpe si la condición (**n == 0**) es ***verdadera***. Nótese que dicha condición no está contemplada en la condición de salida estándar del bucle, por lo que a la condición (**n == 0**) se le considera **condición de salida interna** del bucle.

EJEMPLO: No obstante, el problema también se puede resolver sin hacer uso de la instrucción **break**:

```
#include <stdio.h>

int main()
{
   int numero, acumulador;

   acumulador = 0;
   do
   {
      printf( "Introduzca un n%cmero entero: ", 163 );
      scanf( "%d", &numero );

      if ( numero == 0 )
      {
         printf( "ERROR: El cero no tiene opuesto.\n" );
      }
      else
      {
         printf( "El opuesto es: %d\n", -numero );
         acumulador += numero;
      }

   } while ( numero >= -10 && numero <= 10
            && numero != 0 );

   printf( "Suma: %d", acumulador );

   return 0;
}
```

Obsérvese que, en este programa, sí se contempla en la condición de salida del bucle la posibilidad de que el usuario teclee un cero, en cuyo caso, el bucle deja de iterar de forma natural.

Los resultados por pantalla de este código fuente son idénticos a los del código anterior.

Por otro lado, en C, como se puede ver en la *TERCERA PARTE* del libro, la instrucción **`break`** también se usa para interrumpir (salir de) una instrucción de control alternativa múltiple (**`switch`**).

Continuar (continue)

En C, para escribir una instrucción de salto **`continue`** (continuar), se utiliza la sintaxis:

```
continue;
```

La instrucción de salto **`continue`** siempre se usa para interrumpir (romper) la ejecución normal de un bucle. Sin embargo, el control del programa no se transfiere a la primera instrucción después del bucle (como sí hace la instrucción **`break`**), es decir, el bucle no finaliza, sino que finaliza la iteración en curso, transfiriéndose el control del programa a la condición de salida del bucle, para decidir si se debe realizar una nueva iteración o no.

Por tanto, la instrucción **`continue`** finaliza (termina) la ejecución de una iteración de un bucle, pero no la ejecución del bucle en sí. De forma que, la instrucción **`continue`** salta (no ejecuta) las instrucciones que existan después de ella, en la iteración de un bucle.

EJEMPLO: En el programa siguiente se muestra como se puede utilizar la instrucción **`continue`**:

```
#include <stdio.h>

int main()
{
    int n, a;

    a = 0;
    do
    {
        printf( "Introduzca un n%cmero entero: ", 163 );
        scanf( "%d", &n );

        if ( n == 0 )
        {
            printf( "ERROR: El cero no tiene opuesto.\n" );
            continue;
            /* En el caso de que n sea cero, la iteración
               en curso del bucle se interrumpe aquí. */
        }
        printf( "El opuesto es: %d\n", -n );
        a += n;
    } while ( n >= -10 && n <= 10 );

    printf( "Suma: %d", a );

    return 0;
}
```

El código del programa es el mismo que el del primer ejemplo del apartado anterior, excepto por la instrucción **break**, que ha sido sustituida por la instrucción **continue**.

El programa puede ser la solución para el problema siguiente, el cual se diferencia del problema del apartado anterior en que si el usuario introduce un cero, el bucle no deja de iterar.

Escribir un programa que:

1º) Pida por teclado un número (dato entero).

2º) Si el número introducido por el usuario es distinto de cero, muestre por pantalla el mensaje: "`El opuesto es: <-número>`".

En caso contrario, muestre el mensaje: "`ERROR: El cero no tiene opuesto.`".

3º) Repita los pasos 1º y 2º, mientras que, el usuario introduzca un número mayor o igual que -10 y menor o igual que 10.

4º) Muestre por pantalla la suma de los números introducidos por el usuario.

En pantalla:

```
Introduzca un número entero: 5
El opuesto es: -5
Introduzca un número entero: 0
ERROR: El cero no tiene opuesto.
Introduzca un número entero: -35
El opuesto es: 35
Suma: -30
```

La instrucción **`continue`** se ejecuta cuando el usuario introduce un cero, interrumpiendo la iteración en curso; pero el bucle solamente finaliza cuando la condición (**`n >= -10 && n <= 10`**) sea ***`falsa`***.

Normalmente, al igual que ocurre con la instrucción **`break`**, cuando en un bucle se utiliza una instrucción **`continue`**, la ejecución de esta también se condiciona.

En este caso, la iteración en curso del bucle se interrumpe si es ***`verdadera`*** la condición (**`n = 0`**).

EJEMPLO: Ahora bien, el problema también se puede resolver sin hacer uso de la instrucción **`continue`**:

```
#include <stdio.h>

int main()
{
   int numero, acumulador;

   acumulador = 0;
   do
   {
      printf( "Introduzca un n%cmero entero: ", 163 );
      scanf( "%d", &numero );

      if ( numero == 0 )
      {
         printf( "ERROR: El cero no tiene opuesto.\n" );
      }
      else
      {
         printf( "El opuesto es: %d\n", -numero );
         acumulador += numero;
      }

   } while ( numero >= -10 && numero <= 10 );

   printf( "Suma: %d", acumulador );

   return 0;
}
```

Los resultados por pantalla de este programa son idénticos a los del anterior.

Ir a (goto)

En lenguaje C, para escribir una instrucción de salto **goto** (ir a), se utiliza la sintaxis:

```
goto <nombre_de_etiqueta>;
```

La instrucción de salto **goto** se puede usar en un programa, para transferir incondicionalmente el control del mismo a la primera instrucción después de una etiqueta; o dicho de otra forma, al ejecutar una instrucción **goto**, el control del programa se transfiere (salta) a la primera instrucción después de una etiqueta. Una **etiqueta** se define mediante su nombre (identificador) seguido del carácter dos puntos (**:**).

EJEMPLO: En el siguiente programa se utiliza la instrucción **goto** para resolver el mismo problema que el planteado en el apartado ***Interrumpir (break)***:

```
#include <stdio.h>

int main()
{
   int n, a;

   a = 0;
   do
   {
      printf( "Introduzca un n%cmero entero: ", 163 );
      scanf( "%d", &n );

      if ( n == 0 )
      {
         printf( "ERROR: El cero no tiene opuesto.\n" );
         goto etiqueta_1;
         /* En el caso de que n sea cero, el control
            del programa salta a la primera instrucción
            después de etiqueta_1. */
      }
      printf( "El opuesto es: %d\n", -n );
      a += n;
   } while ( n >= -10 && n <= 10 );

   etiqueta_1:
   printf( "Suma: %d", a );

   return 0;
}
```

Los resultados por pantalla de este programa son idénticos a los dos programas de los ejemplos del apartado ***Interrumpir (`break`)***. Por ejemplo:

```
Introduzca un número entero: -2
El opuesto es: 2
Introduzca un número entero: 5
El opuesto es: -5
Introduzca un número entero: 0
ERROR: El cero no tiene opuesto.
Suma: 3
```

Normalmente, al igual que ocurre con las instrucciones **`break`** y **`continue`**, cuando en un programa se utiliza una instrucción **`goto`**, la ejecución de esta también se condiciona.

Por otra parte, también hay que saber que a una etiqueta solo se puede hacer referencia dentro de la misma función en la que está definida.

Volver (`return`)

En C, para escribir una instrucción de salto **`return`** (volver), se utiliza la sintaxis:

```
return <expresión>;
```

La instrucción de salto **`return`** es utilizada en lenguaje C para indicar el valor de retorno de una función. Al respecto, en el ejemplo *1. Hola mundo* se estudia la utilidad de la instrucción **`return`** en la función **`main`**.

El uso de **`return`** se puede considerar adecuado cuando es la última instrucción de una función, pero no en otro caso.

Ventajas de no usar las instrucciones de salto

Las ventajas de no usar las instrucciones de salto (especialmente la instrucción **`goto`**) se pueden resumir en:

· La legibilidad del código fuente de los programas es mayor.

· La probabilidad de cometer errores en la lógica del programa es menor.

· Es más fácil realizar cambios o corregir errores en el programa.

· Nunca se altera (rompe) la secuencia de ejecución normal del programa.

Apéndice L. Operadores y expresiones

En un programa, el tipo de un dato determina las operaciones que se pueden realizar con él. Por ejemplo, con los datos de tipo entero se pueden realizar operaciones aritméticas, tales como la suma, la resta o la multiplicación.

EJEMPLO: Algunos ejemplos son:

`242 + 5` (operación *suma*)

`25 - 49` (operación *resta*)

`24 * 3` (operación *multiplicación*)

Todas las operaciones del ejemplo constan de dos operandos (constantes enteras) y un operador. La mayoría de las veces es así, pero también es posible realizar operaciones con distinto número de operadores y/u operandos.

EJEMPLO:

`242 + 5 - 2` (tres operandos y dos operadores)

`-( ( +25 ) + 49 )` (dos operandos y tres operadores)

`-( -90 )` (un operando y dos operadores)

`-( +92 )` (un operando y dos operadores)

En las operaciones del ejemplo se puede observar que los caracteres *más* (`+`) y *menos* (`-`) tienen dos usos:

1. Operadores *suma* y *resta*.

2. Signos de un número (también son operadores).

Los operadores *signo más* (+) y *signo menos* (-) son **operadores monarios**, también llamados **unarios**, ya que actúan solamente sobre un operando.

Los caracteres *abrir paréntesis* "(" y *cerrar paréntesis* ")" se utilizan para establecer la prioridad de los operadores, es decir, para establecer el orden en el que los operadores actúan sobre los operandos.

EJEMPLO: Obsérvese la diferencia entre las siguientes operaciones:

`-25 + 49` (dos operandos y dos operadores)

`-( 25 + 49 )` (dos operandos y dos operadores)

Los resultados de evaluarlas son, respectivamente:

`24` (primero actúa el operador signo (-) y después el operador suma (+))

`-74` (primero actúa el operador suma (+) y después el operador signo (-))

EJEMPLO: Percátese también de las diferencias entre las siguientes operaciones:

```
( ( 3 * 5 ) + 2 ) - 1

( 3 * ( 5 + 2 ) ) - 1

3 * ( ( 5 + 2 ) - 1 )

( 3 * 5 ) + ( 2 - 1 )
```

Al evaluarlas se obtienen los valores:

16 (actúan en orden los operadores: *multiplicación* (*****), *suma* (**+**) y *resta* (**-**))

20 (actúan en orden los operadores: *suma* (**+**), *multiplicación* (*****) y *resta* (**-**))

18 (actúan en orden los operadores: *suma* (**+**), *resta* (**-**) y *multiplicación* (*****))

16 (actúan en orden los operadores: *multiplicación* (*****), *resta* (**-**) y *suma* (**+**))

Un **operador** indica el tipo de operación a realizar sobre los operandos (datos) que actúa. Los operandos pueden ser:

· Constantes.
· Variables.
· Llamadas a funciones.
· Elementos de formaciones (arrays).

Cuando se combinan uno o más operadores con uno o más operandos se obtiene una expresión. De modo que, una **expresión** es una secuencia de operandos y operadores escrita bajo unas reglas de sintaxis.

EJEMPLO: Dadas las siguientes declaraciones de constantes y variables:

```
#define PI 3.141592

[...]

int numero = 2;
real radio_circulo = 3.2;
```

Algunos ejemplos de expresiones son:

`2 * PI * radio_circulo`

`( PI * PI )`

`numero * 5`

De sus evaluaciones se obtienen los valores:

20.106189 (valor real) (**2 * 3.141592 * 3.2**)

9.869600 (valor real) (**3.141592 * 3.141592**)

10 (valor entero) (**2 * 5**)

Un operador siempre forma parte de una expresión, en la cual, el operador siempre actúa sobre al menos un operando.

Por el contrario, un operando sí puede aparecer solo en una expresión.

EJEMPLO: Las siguientes expresiones están constituidas por un solo operando, es decir, no están bajo la influencia de ningún operador:

PI

numero

5

Los resultados de evaluarlas son:

3.141592 (valor real)

2 (valor entero)

5 (valor entero)

En programación, de la evaluación de una expresión siempre se obtiene un valor. Dicho valor puede ser de tipo: entero, real, lógico, carácter o cadena. Por consiguiente, una expresión puede ser:

· Aritmética (devuelve un número entero o real).
· Lógica (devuelve un valor lógico: verdadero o falso).

· De carácter (devuelve un carácter representable por el ordenador).
· De cadena (devuelve una cadena).

Dependiendo del tipo de expresión, pueden participar unos operadores u otros. Ahora bien, hay que tener en cuenta que en *"C estándar"* no existen datos de tipo lógico y, por tanto, se simulan con datos de tipo entero, considerándose el valor cero (`0`) como ***`falso`***, y cualquier otro valor entero como **`verdadero`**.

Expresiones aritméticas

De la evaluación de una **expresión aritmética** siempre se obtiene un valor de tipo entero o real. En las expresiones aritméticas se pueden utilizar los siguientes **operadores aritméticos**:

`+`	*Suma*
`-`	*Resta*
`*`	*Multiplicación*
`/`	*División*
`%`	*Módulo*
`+`	*Signo más*
`-`	*Signo menos*

En C, el resultado de una división (`/`) dependerá de los operandos. La regla a seguir es: si ambos operandos son enteros, el resultado de evaluar la expresión será entero, en caso contrario, es decir, si al menos un operando es real, el resultado será real.

EJEMPLO: Declaradas las variables:

```
int h = 3, v = 6;
```

De las expresiones:

`v / h`

`5 / h`

`5.0 / 2`

`5 / 2.`

`5.4 / 2.0`

Se obtienen los valores:

`2` (valor entero, ambos operandos son enteros)

`1` (valor entero, ambos operandos son enteros)

`2.5` (valor real, el primer operando es real)

`2.5` (valor real, el segundo operando es real)

`2.7` (valor real, ambos operandos son reales)

En C, cuando los dos operandos de una división (**/**) son enteros, pero aun así, de su evaluación se quiere obtener un valor real, hay que hacer un *casting* (o *conversión de tipo*).

Un **casting** sirve para cambiar el tipo de dato del valor resultante de una expresión. Su sintaxis es:

```
( <tipo_de_dato> ) <expresión>
```

De esta forma, se consigue cambiar el tipo de dato del valor resultante de evaluar la ***<expresión>*** a un ***<tipo_de_dato>*** deseado.

EJEMPLO: Para cambiar el tipo de dato de los valores resultantes de las siguientes expresiones:

5 (valor entero)

v (valor entero)

5.0 (valor real)

Se puede escribir:

```
( float ) 5
```

```
( float ) v
```

```
( int ) 5.0
```

De tal forma que, los resultados de evaluar las expresiones anteriores son:

5.000000 (valor real)

6.000000 (valor real)

5 (valor entero)

Al casting se le considera un operador monario, y tiene el mismo nivel de prioridad que los operadores *signo más* (**+**), *signo menos* (**-**) y negación.

EJEMPLO: De las expresiones:

```
( float ) v / h
```

```
( float ) 5 / h
```

```
( int ) 5.0 / 2
```

```
5 / ( int ) 2.
```

```
( int ) ( 5.4 / 2.0 )
```

Se obtienen los valores:

2.000000 (actúan en orden los operadores: "**(*<tipo>*)**" y (**/**))

1.666667 (actúan en orden los operadores: "**(*<tipo>*)**" y (**/**))

2 (actúan en orden los operadores: "**(*<tipo>*)**" y (**/**))

2 (actúan en orden los operadores: "**(*<tipo>*)**" y (**/**))

2 (actúan en orden los operadores: (**/**) y "**(*<tipo>*)**")

EJEMPLO: El **operador módulo** (%) realiza la división entera entre dos operandos numéricos enteros, devolviendo el resto de la misma.

5 % 2

3.1 % 2.5

El operador módulo (%) no puede operar con operandos numéricos reales. De modo que, en este caso, los resultados son:

1 (valor entero)

ERROR (no se puede evaluar; ambos operandos deben ser valores enteros)

Expresiones lógicas

En programación, de la evaluación de una **expresión lógica** siempre se obtiene un valor de tipo lógico (***verdadero*** o ***falso***). En las expresiones lógicas se pueden utilizar dos tipos de operadores: relacionales o lógicos.

Un **operador relacional** se utiliza para comparar los valores de dos expresiones. Estas deben ser del mismo tipo (aritméticas, lógicas, etc.).

EJEMPLO: Algunos ejemplos son:

49 > 25 (comparación de dos expresiones aritméticas)

13.5 < 2.12 (comparación de dos expresiones aritméticas)

'e' > 'i' (comparación de dos expresiones de carácter)

Proporcionan los valores:

verdadero (**49** es mayor que **25**)

falso (**13.5** no es menor que **2.12**)

falso (**'e'** no es mayor que **'i'**)

Las comparaciones entre los valores de tipo numérico son obvias. En lo que respecta a los valores de tipo carácter, su orden viene dado por el ASCII extendido utilizado por el ordenador para representarlos.

ASCII (*American Standard Code for Information Interchange*) es el Código Estándar Americano para el Intercambio de Información.

En lenguaje C, los operadores relacionales son:

<	*Menor que*
<=	*Menor o igual que*
>	*Mayor que*
>=	*Mayor o igual que*
==	*Igual que*
!=	*Distinto que*

Para escribir una **expresión relacional** (lógica) se utiliza la sintaxis:

```
<expresión_1> <operador_de_relación> <expresión_2>
```

Siendo ***<expresión_1>*** y ***<expresión_2>*** del mismo tipo (aritmética, de carácter…).

EJEMPLO: A partir de las variables:

```
int p = 35, q = 242;
```

Podemos escribir la expresión:

p != q

De su evaluación se obtiene:

1 (C simula el valor lógico ***verdadero*** con el valor entero **1**)

En C, los datos de tipo lógico se simulan con datos de tipo entero, considerándose el valor cero (**0**) como ***falso***, y cualquier otro valor entero como ***verdadero***.

Un **operador lógico** actúa, exclusivamente, sobre valores de expresiones lógicas. En lenguaje C, los operadores lógicos son:

&&	*Conjunción (y)*
||	*Disyunción (o)*
!	*Negación (no)*

El operador *conjunción* (**&&**) y el operador *disyunción* (**||**) siempre actúan sobre dos operandos, mientras que, el operador *negación* (**!**) solo actúa sobre un operando, o dicho de otra forma, es un operador monario.

El modo en que actúan los operadores lógicos se resume en las llamadas tablas de verdad, definidas por el matemático George Boole.

De la tabla de verdad del **operador conjunción** (**&&**) se concluye que:

```
verdadero && verdadero = verdadero

verdadero && falso = falso

falso && verdadero = falso

falso && falso = falso
```

EJEMPLO: Algunos ejemplos son:

`5 > 3 && 4 > 2`

`5 > 3 && 1 > 2`

`5 == 3 && 4 >= 2`

`5 == 3 && 1 >= 2`

Las expresiones anteriores se evalúan a:

verdadero (**5 > 3** es ***verdadero*** y **4 > 2** es ***verdadero***)

falso (**5 > 3** es ***verdadero*** y **1 > 2** es ***falso***)

falso (**5 == 3** es ***falso*** y **4 >= 2** es ***verdadero***)

falso (**5 == 3** es ***falso*** y **1 >= 2** es ***falso***)

De la tabla de verdad del **operador disyunción** (||) se desprende que:

```
verdadero || verdadero = verdadero

verdadero || falso = verdadero

falso || verdadero = verdadero

falso || falso = falso
```

EJEMPLO: Algunos ejemplos son:

`5 > 3 || 4 > 2`

`5 > 3 || 1 > 2`

`5 == 3 || 4 >= 2`

`5 == 3 || 1 >= 2`

Las expresiones anteriores se evalúan a:

verdadero (**5 > 3** es ***verdadero*** y **4 > 2** es ***verdadero***)

verdadero (**5 > 3** es ***verdadero*** y **1 > 2** es ***falso***)

verdadero (**5 == 3** es ***falso*** y **4 >= 2** es ***verdadero***)

falso (**5 == 3** es ***falso*** y **1 >= 2** es ***falso***)

De la tabla de verdad del **operador negación** (**!**) se deduce que:

```
! verdadero = falso

! falso = verdadero
```

EJEMPLO: De las expresiones:

`! ( 5 > 3 )`

`! ( 1 > 2 )`

Los resultados de evaluarlas son:

falso (**5 > 3** es ***verdadero***)

verdadero (**1 > 2** es ***falso***)

Prioridad de los operadores relacionales y lógicos

En una expresión lógica puede aparecer uno o más operadores relacionales y/o lógicos.

EJEMPLO: Dada la siguiente expresión lógica:

```
3 > 1 || 5 < 1 && 5 <= 2
```

Para poder evaluarla correctamente, es necesario seguir un criterio de prioridad de operadores. En C, la prioridad entre los operadores relacionales y lógicos (de mayor a menor) es:

```
!

< <= > >=

== !=

&&

||
```

A excepción del operador *negación* (`!`), que se evalúa de derecha a izquierda en una expresión, todos los demás operadores con la misma prioridad, por ejemplo, el operador *menor que* (`<`) y el operador *mayor que* (`>`), se evalúan de izquierda a derecha.

Así que, el valor que proporciona la expresión del ejemplo es:

`verdadero` (actúan en orden los operadores: (`>`), (`<`), (`<=`), (`&&`) y (`||`))

De nuevo, se puede hacer uso de los caracteres *abrir paréntesis* "`(`" y *cerrar paréntesis* "`)`" para modificar la prioridad de los operadores.

EJEMPLO: Para cambiar la prioridad de los operadores de las expresión del ejemplo anterior, se puede escribir:

(3 > 1 || 5 < 1) && 5 <= 2

De la evaluación de esta expresión se obtiene el valor:

falso (actúan en orden los operadores: (**>**), (**>**), (**||**), (**<=**) y (**&&**))

EJEMPLO: Habiendo declarado las variables:

```
int f = 2, j = 5, d = 3;
```

Se puede escribir:

!(f == j || f <= d)

La expresión se evalúa a:

0 (actúan en orden los operadores: (**<=**), (**==**), (**||**) y (**!**))

Expresiones de carácter

Aunque no existe ningún operador de caracteres, sí que existen expresiones de carácter.

De la evaluación de una **expresión de carácter** siempre se obtiene un valor de tipo carácter.

EJEMPLO: Dadas las siguientes declaraciones de constantes y variables:

```
#define LETRA 'E'

[...]

char numero = '5';
char simbolo = '?';
```

Algunas expresiones de carácter son:

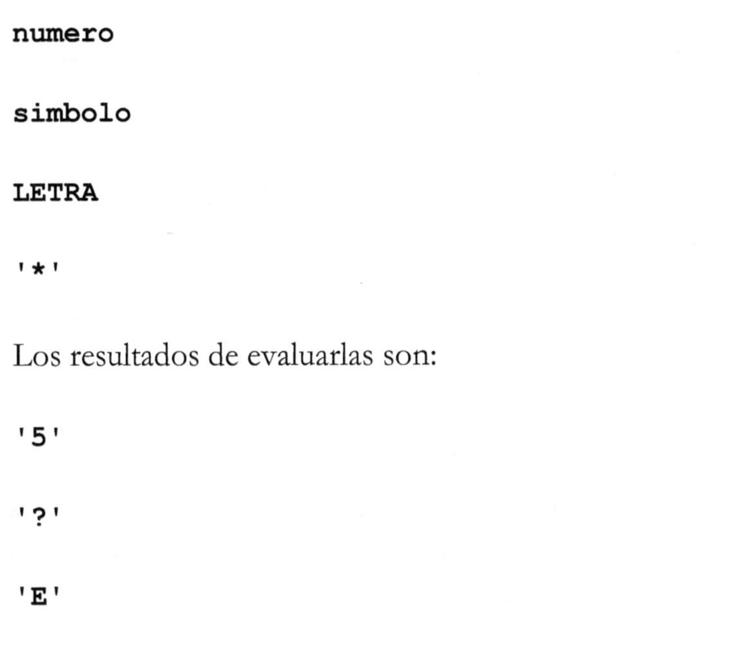

```
numero

simbolo

LETRA

'*'
```

Los resultados de evaluarlas son:

```
'5'

'?'

'E'

'*'
```

Expresiones de asignación

En C existen expresiones de asignación y, para escribirlas, se utilizan los siguientes **operadores de asignación**:

=	*Asignación*
+=	*Suma y asignación*
-=	*Resta y asignación*
*=	*Multiplicación y asignación*
/=	*División y asignación*
%=	*Módulo y asignación*

De ellos, el más utilizado es el operador *asignación* (**=**). Su sintaxis es:

```
<nombre_de_variable> = <expresión>;
```

EJEMPLO: Partiendo de la constante simbólica:

```
#define PI 3.141592
```

Y de las variables:

```
float area, longitud, radio;
```

Una instrucción de asignación puede ser:

```
radio = 5.49;
```

Técnicamente, en C, una *asignación* (**=**) es una operación, al igual que lo es una *suma* (**+**) o una *resta* (**-**). En consecuencia, **radio = 5.78** es una expresión de asignación, que entra dentro de la categoría de las instrucciones de expresión.

```
<instrucción_de_expresión>;
```

De la evaluación de una expresión de asignación siempre se obtiene el mismo valor que el asignado a la variable. En este caso:

5.49

Si ahora escribimos:

```
area = PI * pow( radio, 2 );

longitud = 2 * PI * radio;
```

De la evaluación de estas instrucciones de expresión se obtienen los valores **94.687889** y **34.494678**, los cuales coinciden con los valores asignados a las variables **area** y **longitud**, respectivamente.

Para comprender mejor el hecho de que, en C, la asignación es un operador, estúdiese el siguiente ejemplo.

EJEMPLO: Partiendo de las variables:

```
int t, e;
```

Es posible escribir la instrucción:

```
t = e = 35;
```

Tras su ejecución, tanto en **t** como en **e** se almacenará un **35**.

En una expresión, el operador *asignación* (**=**) siempre se evalúa de derecha a izquierda. Por tanto, en primer lugar se evalúa la expresión **e = 35**. Esto implica que a la variable **e** se le asigne un **35**. A continuación, a la variable **t** se le asigna el resultado de evaluar la expresión de asignación **e = 35**, que es precisamente **35**.

Se ha utilizado la sintaxis:

```
<variable_1> = <variable_2> = <expresión>;
```

También se puede hacer lo mismo escribiendo:

```
t = ( e = 35);
```

Cuando el operador *asignación* (**=**) se escribe precedido de un operador aritmético: *suma* (**+**), *resta* (**-**), *multiplicación* (*****), *división* (**/**) o *módulo* (**%**):

```
<variable> <operador_aritmético>= <expresión>;
```

La unión de ambos se convierte en un nuevo operador de asignación que opera de la siguiente manera: A la variable se le asigna el valor que se obtiene de evaluar:

```
<variable> <operador_aritmético> <expresión>
```

EJEMPLO: Dada la siguiente declaración de variables:

```
int m = 4, n = 1;
```

Se puede escribir la instrucción de expresión:

```
m += 3;
```

Que es equivalente a la instrucción:

```
m = m + 3;
```

En la memoria, cambiará de **4** a **7** el valor almacenado en el espacio representado por la variable **m**.

Si, a continuación, se ejecuta la instrucción:

```
m *= n += 2;
```

Ahora, los valores de las variables **m** y **n** serán **21** y **3**, respectivamente.

Primero, se evalúa la expresión **n += 2** (equivalente a **n = n + 2**). Esto produce que a la variable **n** se le asigne un **3**. En segundo lugar, se evalúa la expresión **m *= 3** (equivalente a **m = m * 3**), asignándosele a la variable **m** el valor **21**.

Los operadores incremento (++) y decremento (--)

Tanto el operador *incremento* (**++**) como el operador *decremento* (**--**) actúan siempre sobre un solo operando, normalmente una variable. Por tanto, son operadores monarios, y sirven para incrementar o decrementar en una unidad el valor de dicho operando.

EJEMPLO: Declaradas las variables:

```
int r = 2, s = 1;
```

Se pueden escribir las instrucciones de expresión:

```
r++;
s--;
```

Dichas instrucciones son equivalentes a:

```
r = r + 1;
s = s - 1;
```

Y también se pueden escribir como:

```
++r;
--s;
```

Tras su ejecución, **r** contendrá el valor **3** y **s** el valor **0**.

En estas instrucciones, ambos operadores se pueden escribir, indistintamente, antes o después de los operandos sobre los que actúan. Pero, cuando en una expresión, además del operador incremento o decremento, también aparecen otros operadores, entonces sí que hay que tener en cuenta la diferencia que supone el escribirlos antes o después.

EJEMPLO: A partir de las variables:

```
int i = 5, j, k = 5, m;
```

Si se ejecutan las instrucciones:

```
j = i++;
m = ++k;
```

Los valores de las variables **i**, **j**, **k** y **m** serán **6**, **5**, **6** y **6**, respectivamente.

Obsérvese que los valores de **j** y **m** son diferentes. Esto es debido a que, cuando se evalúa la expresión **j = i++**, en primer lugar se le asigna a **j** el valor de **i** (es decir, un **5**) y, a continuación, se incrementa el valor de la variable **i**. Por el contrario, cuando se evalúa la expresión **m = ++k**, primero se incrementa el valor de **k** (de **5** pasa a ser **6**) y, después, este nuevo valor de **k** se le asigna a **m**.

En resumen, cuando en una expresión el operador *incremento* (**++**) o *decremento* (**--**) precede al operando sobre el que actúa (por ejemplo **++k**), antes de utilizar el valor de dicho operando para otro propósito, este se incrementa. De ser al revés, es decir, si es el operando quien precede al operador (por ejemplo **i++**), el valor de dicho operando se incrementa después de ser utilizado para otro fin.

Prioridad de operadores

La prioridad de todos los operadores de C estudiados en este apéndice (de mayor a menor) es:

```
( ) [ ]

+ - ++ -- ! (<tipo>)

* / %

+ -

< <= > >=

== !=

&&

||

= += -= *= /= %=
```

Obsérvese que, en C, tanto los *paréntesis* "`()`" que se utilizan para llamar a una función, como los *corchetes* "`[]`" que albergan el índice de un array, también son considerados operadores. Además, son los operadores más prioritarios y, en una expresión, se evalúan de izquierda a derecha.

Por otra parte, los operadores *incremento* (`++`), *decremento* (`--`) y *conversión de tipo* "**`(<tipo>)`**" entran dentro de la categoría de operadores monarios. De manera que, al igual que los operadores *signo más* (`+`), *signo menos* (`-`) y *negación* (`!`), todos ellos se evalúan de derecha a izquierda en una expresión.

Además de los operadores estudiados en este apéndice, en lenguaje C existen otros, como el operador *dirección* (**`&`**) mencionado en el ***Apéndice F***, y otros que quedan fuera del ámbito de estudio este libro.

Apéndice M. Palabras reservadas

De las palabras reservadas que existen en lenguaje C, en este libro se estudian las siguientes:

`break` *Instrucción de salto que interrumpe (rompe) la ejecución de un bucle o de una instrucción de control alternativa múltiple (***`switch`***).*

`case` *Caso de una instrucción de control alternativa múltiple (***`switch`***).*

`char` *Tipo de dato carácter.*

`const` *Cualificador que sirve para declarar una variable indicando que su valor es inalterable.*

`continue` *Instrucción de salto que interrumpe (rompe) la ejecución de un bucle.*

`default` *Caso por defecto en una instrucción de control alternativa múltiple (***`switch`***).*

`double` *Tipo de dato real.*

`else` *Si no, en una instrucción de control alternativa doble (***`if else`***).*

`enum` *Se utiliza para declarar tipos enumerados.*

`float` *Tipo de dato real.*

`for` *Instrucción de control repetitiva para.*

`goto` *Instrucción de salto que transfiere el control de un programa a la primera instrucción después de una etiqueta.*

`if` *Se emplea para escribir instrucciones de control alternativas simples (***`if`***) o dobles (***`if else`***).*

int *Tipo de dato entero (integer).*

long *Modificador de los tipos de datos* **int** *y* **double**.

return *Se usa para indicar el valor de retorno de una función.*

short *Modificador del tipo de dato* **int**.

signed *Modificador de los tipos de datos* **int** *y* **char**.

switch *Instrucción de control alternativa múltiple (según sea).*

unsigned *Modificador de los tipos de datos* **int** *y* **char**.

void *Tipo de dato sin valor (vacío).*

while *Se usa para escribir bucles mientras (***while***) y bucles hacer mientras (***do while***).*

En C existen otras palabras reservadas (**auto**, **extern**, **register**, **sizeof**, **static**, **struct**, **typedef**, **union**, **volatile**) que quedan fuera del ámbito de estudio de este libro.

Apéndice N. Secuencias de escape

En lenguaje C se pueden utilizar las siguientes secuencias de escape:

\a *(Alerta) Genera una alerta (campana).*

\b *(Retroceso) Mueve el cursor una posición hacia atrás.*

\f *(Salto de página) Mueve el cursor al principio de la página siguiente.*

\n *(Nueva línea) Mueve el cursor al principio de la línea siguiente.*

\r *(Retorno de carro) Mueve el cursor al principio de la línea actual.*

\t *(Tabulador horizontal) Mueve el cursor a la posición siguiente del tabulador horizontal.*

\v *(Tabulador vertical) Mueve el cursor a la posición siguiente del tabulador vertical.*

\" *(Comilla doble) Muestra el carácter comilla doble.*

\' *(Comilla simple) Muestra el carácter comilla simple.*

\? *(Interrogación) Muestra el carácter de interrogación.*

**** *(Barra invertida) Muestra el carácter barra invertida.*

\ooo *(Constante octal) Representa al carácter ASCII correspondiente a la constante octal (**ooo**) que se indique.*

\xhh *(Constante hexadecimal) Representa el carácter ASCII correspondiente a la constante hexadecimal (**hh**) que se indique.*

Apéndice O. Tipos de datos básicos y modificadores

En C, las combinaciones de tipos de datos básicos y modificadores (sus tamaños más típicos en bits) y sus rangos mínimos, son:

`char` *(8 bits) -127 a 127*

`unsigned char` *(8 bits) 0 a 255*

`signed char` *(8 bits) -127 a 127*

`int` *(16 o 32 bits) -32.767 a 32.767*

`unsigned int` *(16 o 32 bits) 0 a 65.535*

`signed int` *(16 o 32 bits) -32.767 a 32.767*

`short int` *(16 bits) -32.767 a 32.767*

`unsigned short int` *(16 bits) 0 a 65.535*

`signed short int` *(16 bits) -32.767 a 32.767*

`long int` *(32 bits) -2.147.483.647 a 2.147.483.647*

`unsigned long int` *(32 bits) 0 a 4.294.967.295*

`signed long int` *(32 bits) -2.147.483.647 a 2.147.483.647*

`float` *(32 bits) 1E-37 a 1E+37 con seis dígitos de precisión*

`double` *(64 bits) 1E-37 a 1E+37 con diez dígitos de precisión*

`long double` *(80 bits) 1E-37 a 1E+37 con diez dígitos de precisión*

Apéndice P. Variables

Una **variable** representa a un espacio de memoria en el cual se puede almacenar un dato.

Por ejemplo, si un programa va a utilizar un dato de tipo carácter, será necesaria una variable de tipo carácter, y en el espacio de memoria reservado para dicha variable se podrá almacenar cualquier carácter perteneciente al conjunto de los caracteres representables por el ordenador.

El programador, cuando desarrolla un programa (o diseña un algoritmo), debe decidir:

1. Cuántas son las variables que el programa necesita para realizar las tareas que se le han encomendado.

2. El tipo de dato que puede almacenar cada una de ellas.

Durante la ejecución de un programa, el valor que tome el dato almacenado en una variable puede cambiar tantas veces como sea necesario, pero siempre tomando valores pertenecientes al tipo de dato que el programador ha decidido que puede almacenar dicha variable, ya que el tipo de dato de una variable no puede ser cambiado durante la ejecución de un programa.

Para que un programa pueda hacer uso de una o más variables, estas deben ser declaradas previamente. Todas las variables de un programa se declaran de la misma forma, indicando de cada una de ellas:

1. El tipo de dato que puede almacenar (mediante un identificador).

2. Su nombre (mediante otro identificador).

En C, la sintaxis para declarar una variable es:

```
<tipo_de_dato> <nombre_de_variable> [ = <expresión> ];
```

Los caracteres *abrir corchete* (`[`) y *cerrar corchete* (`]`) se utilizan para indicar que lo que contienen es opcional.

EJEMPLO: La declaración de una variable para almacenar la edad de una persona, que puede tomar por valor un número entero (**`int`**), puede ser:

```
int edad;
```

EJEMPLO: Para declarar varias variables del mismo tipo de dato se puede escribir:

```
int edad;
int numero_de_hijos;
```

O también, en la misma línea separadas por el carácter *coma* (`,`):

```
int edad, numero_de_hijos;
```

EJEMPLO: Si se desea declarar una variable para almacenar un número entero (**`n`**) y que inicialmente contenga el valor **`35`**, se debe escribir:

```
int n = 35;
```

Una **expresión** representa a un valor de un tipo de dato. En el ejemplo, el valor **`35`** es de tipo entero.

Acerca de los tipos de expresiones que existen, véase el ***Apéndice L***.

Durante la ejecución de un programa, para hacer uso del espacio de memoria representado por una variable, se utiliza su identificador.

EJEMPLO: A continuación, se muestra la declaración de una variable para almacenar una letra del alfabeto y que, inicialmente, contenga el valor **'T'**:

```
char letra = 'T';
```

EJEMPLO: Para declarar una variable que pueda almacenar una cadena de caracteres, como por ejemplo el nombre de una persona, y que, inicialmente, contenga el valor **"Vicente"**, se puede escribir:

```
char nombre[8] = "Vicente";
```

En programación, un dato de tipo cadena es un dato compuesto (estructurado), debido a que está formado por una agrupación de caracteres. Pues bien, en C, dicha agrupación se define por medio de un array.

Un **array** agrupa, bajo el mismo nombre de variable, a una colección de elementos (datos) del mismo tipo. En este caso una colección de caracteres (**char**).

Para declarar un array de caracteres, después del identificador de la variable, se tiene que escribir entre corchetes "**[]**" el número de caracteres que se van a almacenar en el array, más uno. Por tanto, en este caso, puesto que **"Vicente"** tiene seis caracteres, hay que escribir un 8 entre los corchetes.

Se tiene que escribir un número más, porque en la memoria se va a reservar espacio para los siete caracteres de la cadena **"Vicente"**, más uno, conocido este como el *carácter nulo*, el cual se representa mediante una barra invertida y un cero (**\0**). El sistema se encarga de "poner" dicho carácter, que indica el fin de la cadena.

Por consiguiente, en la memoria se almacenarán ocho caracteres consecutivos:

'V' se almacenará en **nombre[0]**.
'i' en **nombre[1]**.
'c' en **nombre[2]**.
'e' en **nombre[3]**.
'n' en **nombre[4]**.
't' en **nombre[5]**.
'e' en **nombre[6]**.
'\0' en **nombre[7]**.

Los caracteres del array pueden ser referenciados mediante el identificador del mismo, seguido de un número entre corchetes. A dicho número, de manera formal, se le llama **índice**, y puede oscilar entre el valor 0 y n-1, siendo n el número de caracteres que pueden ser almacenados en memoria en el array, en este caso 8.

```
<nombre_de_variable>[<índice>]
```

Por ejemplo, **nombre[3]** hace referencia al espacio de memoria donde está el carácter **'e'**.

EJEMPLO: Si se declara la variable de tipo cadena:

```
char lugar[8] = "Atocha";
```

En memoria tendremos:

'A' en **lugar[0]**.
't' en **lugar[1]**.
'o' en **lugar[2]**.
'c' en **lugar[3]**.
'h' en **lugar[4]**.
'a' en **lugar[5]**.
'\0' en **lugar[6]**.

Fíjese que, en esta ocasión, el array de caracteres **lugar** ha sido inicializado con el valor **"Atocha"**. De manera que, el fin de la cadena se encuentra en **lugar[6]**, y no en el último espacio de memoria reservado para el array (**lugar[7]**), ya que **"Atocha"** tiene solamente seis caracteres.

En lenguaje C, la declaración de las variables que utiliza un programa puede escribirse en varios lugares, pero lo más habitual es hacerlo inmediatamente después del carácter *abrir llave* (**{**) de la función **main**.

```
[ <directivas_del_preprocesador> ]

int main()
{
   [ <declaraciones_de_variables> ]

   <lista_de_instrucciones>
}
```

Nota del autor

Escribí este libro pensando, sobre todo, en que fuese útil a quien quiera iniciarse en la programación utilizando lenguaje C, por lo que espero que pueda servir de base a todos aquellos que deseéis adquirir conocimientos más avanzados de programación (funciones, arrays, punteros, estructuras dinámicas, ficheros...) que quedan fuera del ámbito de estudio de esta obra.

Tanto en «www.abrirllave.com» como en mis perfiles sociales de Internet, iré subiendo más información sobre otros libros y contenidos online (tutoriales, ejercicios resueltos, etc.) relacionados con informática, programación o desarrollo web que vaya dando a conocer en un futuro. Al respecto, podéis seguirme o contactar conmigo en:

carlospes.blogspot.com

facebook.com/carlospes

twitter.com/carlospes

t.me/carlospes

Asimismo, si lo deseáis, podéis escribirme a mi dirección de correo electrónico para hacerme llegar vuestras impresiones o comentarios:

correo@carlospes.com

Agradecimientos

Desde que en 2004 comencé a escribir libros y publicar contenidos educativos de informática en Internet, sois muchísimos (profesores, estudiantes y autodidactas) los que me habéis dado *feedback* haciéndome llegar vuestras impresiones por diferentes vías, por lo que os estoy muy agradecido.

www.ingramcontent.com/pod-product-compliance
Lightning Source LLC
LaVergne TN
LVHW081331050326
832903LV00024B/1114

* 9 7 9 8 5 9 2 3 9 4 1 6 4 *